本书承蒙以下项目和平台资助

国家自然科学基金项目
"乡村旅游地农户农业生产行为及其影响因素研究：以江西省为例"
（编号：41361034）

"江西现代农业及其优势产业可持续发展的决策支持"
江西省2011协同创新中心

黄平芳 ● 著

乡村旅游地
农户农业生产行为研究

On Agricultural Production Behavior of Farmers in Rural Tourism Region

江西人民出版社
Jiangxi People's Publishing House
全国百佳出版社

图书在版编目(CIP)数据

乡村旅游地农户农业生产行为研究／黄平芳著. --南昌：
江西人民出版社，2018.12
ISBN 978-7-210-07532-5

Ⅰ.①乡… Ⅱ.①黄… Ⅲ.①乡村旅游-农业生产-
研究-中国 Ⅳ.①F325.2

中国版本图书馆 CIP 数据核字(2016)第 324747 号

乡村旅游地农户农业生产行为研究
黄平芳　著
责任编辑: 徐　旻
封面设计: 同异文化传媒
出版发行: 江西人民出版社
地　　址: 江西省南昌市三经路 47 号附 1 号(邮编:330006)
经　　销: 各地新华书店
编辑部电话: 0791-88629871
发行部电话: 0791-86898815
网　　址: www.jxpph.com
2018 年 12 月第 1 版　2018 年 12 月第 1 次印刷
开　　本: 787 毫米×1092 毫米　1/16
印　　张: 12.75
字　　数: 220 千
ISBN 978-7-210-07532-5
赣版权登字 -01-2017-451
定　　价: 36.00 元
承　印　厂: 北京虎彩文化传播有限公司

前　言

　　我国乡村旅游自 20 世纪 80 年代在一些富裕农村兴起以来,日趋红火,成效显著,已成为我国旅游业发展的亮丽名片及农业发展的崭新途径,对于解决"三农"问题起到了积极有效的作用。广大农户积极投身于乡村旅游热潮中,既参与旅游经营,也从事农业生产,成为乡村旅游地不可或缺的微观经济主体。尤其是他们的农业生产行为,不仅决定着乡村旅游地的乡村性本质能否得到有效保护,而且深刻地影响着乡村旅游地的可持续发展。那么,作为乡村旅游地的微观经济主体,农户的农业生产行为规律到底如何? 监管部门又该如何进行调控和引导? 这些都是我们当前迫切需要研究和解决的重要课题。但遗憾的是,当前无论是监管部门还是学界都未做出充分的应对与解答。因此,我们积极开展国家自然科学基金项目"乡村旅游地农户农业生产行为及其影响因素研究:以江西省为例"的申报和研究。

　　本课题以江西省为例,依托农户行为理论,在构建乡村旅游地农户农业生产行为分析理论框架的基础上,采用类型比较的方法剖析乡村旅游地农户农业生产行为特征;然后通过 Logistic 回归模型计量分析乡村旅游地农户农业生产行为影响因素,在此基础上梳理影响乡村旅游地农户农业生产行为的动力因素和制约因素;最后,基于行为激励理论,针对乡村旅游地农户农业生产行为的影响因素及效应,构建相应的激励机制和约束机制,并提出旅游反哺农户农业生产的政策建议。本课题旨在揭示乡村旅游地农户农业生产行为规律,为监管部门科学制定政策制度、合理引导农户行为、最终实现乡村旅游地可持续发展提供理论支持与决策依据。本书正是本课题研究的最终成果之一,具体围绕以下问题展开分析:

第一,怎样分析乡村旅游地农户农业生产行为?基于农户行为理论,并结合乡村旅游地农业生产实际情况,构建包括农户农业生产行为特征、影响因素及效应的乡村旅游地农户农业生产行为分析理论框架。即通过类型比较分析乡村旅游地农户农业生产行为的特征,主要表现为总体上与非旅游地农户的行为差异以及在空间类型、阶段类型以及农户类型上的行为差异;在农户行为理论下选取影响乡村旅游地农户农业生产行为的 4 类因素:包括户主个体、家庭人口、家庭收入等的农户特征因素,包括劳动力、土地、资金、市场、技术、组织、风险等的农业生产因素,包括社区特征、社区参与、旅游需求、旅游干扰等的旅游发展因素以及农户对农业投入、技术推广、价格调控、农资管理、组织服务、补贴、保险、贷款、防灾减灾等的政策感知;在此基础上分析乡村旅游地农户农业生产行为的积极效应与消极效应。

第二,乡村旅游地农户农业生产行为表现出怎样的特征?主要通过外向比较与内向比较进行实证分析,结果表明:(1)相对非旅游地农户而言,大部分乡村旅游地农户从事农业生产并不是主要出于获利增收的经济理性,因此更少考虑资金、成本、产量、技术以及销售渠道等经济因素,而主要依据自家生活需要、资源禀赋以及旅游环境等做出有限选择,具有明显的生活理性和生态理性。(2)乡村旅游地农户在生产选择行为、生产投入行为、土地经营行为以及技术采纳行为等均存在类型差异。成熟地农户相对成长地农户,景区农户相对景郊农户,旅游农户相对非旅游农户,其农业生产意愿总体更积极正向,更愿意维持在既不"扩大"也不"放弃"的"坚守"状态,具有更明显的生活理性和生态理性。

第三,乡村旅游地农户农业生产行为受到哪些因素的影响?乡村旅游地农户农业生产行为影响因素的多项 Logistic 回归分析表明,户主性别、户主职业、家庭人口数、劳动力人数、是否有人外出打工、拥有耕地规模、近三年农业收益变化、是否参加农业保险、所属阶段类型、所属空间类型、是否旅游农户、从事旅游人数、旅游是否拉动了农业需求、对农业基础设施投入与建设政策评价、对农业补贴政策评价、对土地流转政策和做法评价、对防灾救灾政策和手段评价等因素对乡村旅游地农户农业生产意愿具有显著影响;乡村旅游地农户农业生产行为影响因素的 PRA 分析表明,乡村旅游地农户愿意继续从事农业生产的原因和动机多样,按照农户代表的评价结果,依次是自家消费需要、为了基本生活保障、旅游需要农业景观、搞旅游农产品好卖、维持传统习惯、获取补贴和奖励等;乡村旅游地农户不愿意继续从事农业生产的原因较为复杂,按照农户代表的评价结果,依次是农业生产不挣钱、缺少劳动力、野生动物危害严重、缺少土地、缺少技术、搞旅游没时间等。

第四,乡村旅游地农户农业生产行为产生哪些效应? 乡村旅游地农户农业生产行为是农户适应旅游环境而做出的有限理性选择,既产生了积极效应,同时也带来了消极效应。其中积极效应体现为:农户通过农业生产,为乡村旅游地的旅游发展维持着原材料的供应和土特产品的生产,对于减缓或规避旅游"飞地化",推动产业链本地化起到了积极作用;农户通过农业生产,创造丰富的农业生产景观,展示鲜活的农业生活景观,营造神奇的农业生态景观,促进乡村旅游地的农业景观生产和乡村性保护;农户通过农业生产,不仅有助于丰富旅游景观空间,而且有助于构建利益共享空间及调节淡旺季平衡,对于乡村旅游地农旅融合的时空布局起到一定的调节作用。消极效应体现为:乡村旅游地农户在农业生产过程中存在明显的土地细碎化情况,会显著降低农户的农业规模化生产,增加生产成本,阻碍技术推广,影响资本和劳动力投入,造成生产效率损失;乡村旅游地土地细碎化对农户土地转入决策产生负向影响,会减少土地流转市场的需求量,而对农户土地转出决策产生多向影响,不会过多增加土地流转市场的供给量,导致土地流转困难;乡村旅游地农户由于生产基础薄弱、技术信息落后、生产标准不高、品牌包装缺乏,导致他们生产的农产品进入旅游消费市场困难,在管理机制、产品供给、供需信息、场所进入等诸多方面陷入瓶颈。

第五,怎样调控乡村旅游地农户农业生产行为? 为了更加充分地发挥农户的主体作用,推动乡村旅游地可持续发展,建议通过政策扶持(完善土地流转机制、创新农业补贴机制、健全农户培训机制)、设施保障(合理规划建设、创新供给机制、健全管护机制)、服务对接(提升农业生产服务、加快农业信息服务、创新农业保险服务、探索农业生产托管服务)和组织支持(合作社内向联结、龙头企业外向带动、协会组织内外联动)等,激发和调动农户农业生产的积极性。同时,通过法律约束(出台专门的管理条例、编制具有法律效力的发展规划、加强执法监督和统一管理)、经济约束(强化市场准入、创新经济处罚)和社会约束(社会关系约束、社会组织约束、信用记录约束)等,规范农户农业生产行为。通过提供农业景观补偿、推动农产品进景区、引导农业生产创意化等方式,推动旅游反哺农户农业生产。

在本书出版之际,要特别感谢国家自然科学基金委员会的资助,以及江西农业大学、赣南师范大学、江西省旅游发展委员会、婺源县旅游发展委员会、婺源县农业局、石城县旅游发展委员会等单位的支持。还要衷心感谢为本课题顺利开展提供指导和帮助的同事和朋友,他们是:江西农业大学翁贞林教授、胡明文教授、魏琦博士、徐峰讲师,赣南师范大学朱美兰讲师,广东财经大学郑姝莉博士,中共江西省委办公厅邓喜红同志,石城县旅游发展委员会温妍同志,婺源县段莘乡政府江文海同志等。还有研究生李梁平、董亮亮、谢晓文、赵丽桂、罗俊杰、罗镜秋等同学,江西农业大学旅游管理1201班、旅游管理1301班、旅游管理1401班的同学,以及赣南师范大学旅游管理1401班、旅游管理1601班的同学,也参与了本课题的调研活动以及资料整理,在此一并感谢!

由于时间精力和能力水平有限,本书肯定还存在不足,敬请专家和读者批评指正!

黄平芳

2018 年 8 月

目　录

图目录

表目录

第一章 导 论

一、研究背景

随着现代化与城镇化的快速发展,人们越来越青睐到乡村和农场去休闲度假,乡村旅游正以不同形式和特色在我国各地蓬勃发展。近年来,国家旅游局、农业部等相关部门先后出台一系列激励政策和规范制度,大大地推动了我国乡村旅游快速发展。尤其是 2006 年的"乡村旅游年"和 2007 年的"中国和谐城乡游"等旅游主题年活动,把乡村旅游推向了新的高潮,全国范围内掀起了乡村旅游开发热潮。据国家旅游局统计,2016 年,全国乡村旅游年接待量已超过 21 亿人次,旅游消费规模超过 1.1 万亿元,带动发展的村寨超过 2 万余个,增收致富的农民超过 672 万户。近年来国家旅游局与农业部合作,正在全国范围内共同组织实施乡村旅游"百千万工程",计划建成具有乡村旅游示范意义的 100 个县、1000 个乡镇和 10000 个村。乡村旅游已经成为我国旅游业发展的新亮点以及农业发展的新天地。

当前,在我国家庭联产承包责任制和农户分散经营的国情下(胡继连,1992),农户不仅是乡村旅游地的主要资源占有者,也是重要的生产经营主体,更是不可或缺的景观生产者和保护者(冯娴慧等,2012)。在乡村旅游的推拉下,一些农户"洗脚上田",专事旅游经营,告别了农业生活;一些农户"栽花种树",坚守农业生产,营造着农业景观;还有一些农户"亦农亦旅",游走在农业生产与旅游经营中。面对农业生产,农户既有丰产增收的意愿与主动,也有"资源圈定"的无奈与被动(黄平芳,2012),复杂多样的农户农业生产①行为,其实背后隐含着乡村旅游地的利益博弈与运行逻辑。尤其是在一些乡村旅游地,开发者为追求集约效益,大力征用农户土地,实行企业化经营,逐渐将农户排挤出旅游业,以致失业的农户被沦落到"无地可耕,外出务工"的境地(黄平芳,2012),即使参与旅游经营的农户也面临着旅游淡季"无所事事,欲耕无地"的烦恼,乡村旅游地也因农业的不稳而充满更多风险,甚至陷入"围城化"和"飞地化"的危险境地(邹统钎,2006),乡村性正在逐渐丧失。由此可见,在"农户国情"下,农户在农业生产中的主体作用能否发挥和发挥程度如何,以及他们对农业生产的认知、意愿和行为方式,不仅决定着乡村旅游地的乡村性本质能否得到有效保护,而且深刻地影响着乡村旅游地的可持续发展。

二、研究目标和意义

(一)研究目标

作为乡村旅游地的微观经济主体,农户的农业生产行为规律到底如何? 监管部门又该如何调控和引导他们? 这些都是我们当前迫切需要研究和解决的重要课题。但遗憾的是,当前无论是监管部门还是学界都未做出充分的应对与解答。

本课题拟通过深入剖析乡村旅游地农户农业生产行为的过程特征、影响因素及效应,准确找出农户农业生产行为的支配规律,并依此构建相应的调控机制,为监管部门科学制定政策制度、合理诱导农户行为、最终实现乡村旅游地可持续发展提供理论支持与决策依据。

---

① 在本研究中,农业生产是一个广义概念,从统计口径上,对应于第一产业生产活动,包括种植业、林业、畜牧业和渔业,其中,种植业在统计口径上对应于第一产业中的农业。

（二）研究意义

1. 理论意义

本课题构建与乡村旅游地农户农业生产行为机理匹配的理论框架,以此剖析乡村旅游地农户农业生产行为,并提出具体的调控机制。对于重新认识乡村旅游地的本土化特质以及农户的主体地位具有理论支撑价值,对思考如何实现乡村旅游地的可持续发展也具有启发意义,这不仅可以丰富乡村旅游的研究视角和方法,还可以对农户行为理论起到有益补充。

2. 现实意义

本课题集中关注乡村旅游地乡村性保护的内源动力——农户农业生产行为,并基于行为激励理论提出相应的调控策略,这不仅有助于唤起监管部门和开发者从社区参与的角度重新思考和定位农户角色,而且可以推动其制定合理的政策制度引导和调控农户行为,最终实现乡村旅游地可持续发展。

三、相关概念界定

（一）农户

所谓农户就是以血缘关系为基础而组成的从事农业生产经营活动的农民家庭(韩明漠,2001)。在我国,农户是最基本的农业生产单位和经济组织,是建立在农村土地集体所有基础之上,以家庭承包经营为前提,使用自有生产资料,从事农业生产经营的单位(史清华,1999)。农户是一个社会与经济功能合一单位。它既是从事农业经营和农业生产的经济组织,又是建立在姻缘和血缘关系基础上的社会生活组织,具有生产、消费、生育、教育、积累、文化等多方面的社会经济职能(陈诗波,2008)。

根据本课题研究的需要,我们将乡村旅游地农户分为两类:一类是旅游农户,即既从事农业生产,又参与旅游经营的农户;一类是非旅游农户,即从事农业生产,但不参与旅游经营的农户。为了便于调查和统计,我们以收入和劳动力两项指标对乡村旅游地农户类型进行量化界定(见表1-1)。

表1-1　乡村旅游地农户类型划分标准

农户类型	收入比例/%		劳动力人数/人	
	农业生产	旅游经营	农业生产	旅游经营
旅游农户	≥5	≥5	≥1	≥1
非旅游农户	≥5	<5	≥1	0

注:收入比例分别为农业生产收入、旅游经营收入占家庭生产性总收入的比例;劳动力人数是指年龄在16~60岁,包括未达到劳动年龄或者超过60岁实际还在参加劳动的人数,但不包括在校学生。

(二)农户农业生产行为

农户行为是指农户在特定的社会经济环境中,为了实现自身的经济利益对外部经济信号做出的反应(史清华,1999),广义的农户行为包括农户生产行为、农户消费行为、农户收入分配行为等等。而农户生产行为是指在一定的经济制度、资源结构和技术水平下,农户为达到一定的生产目标,在选择生产方向、生产规模和生产方式(包括采用技术结构)上所采取的一系列经济活动(何蒲明等,2003)。在乡村旅游地,农户农业生产决策和行为反应远比传统农区复杂,其目标不仅仅是为了经济利益,还有对旅游发展的诉求与适应。因此,我们认为,农户农业生产行为是农户在农业生产过程中,在一定制度安排和旅游条件限定下,为了实现自身的经济利益或家庭效用目标,对农业生产要素进行优化配置的农业经济活动。本课题主要从生产选择、生产投入、土地经营和技术采纳等方面对乡村旅游地农户生产行为进行分析。

(三)乡村旅游

目前国内外研究者对乡村旅游的定义还没有形成统一的认识,相关的名称五花八门,如农业旅游、农场旅游、农庄旅游、休闲农业、观光农业等等,对乡村旅游内涵的理解也存在差异(见表1-2)。但也存在共同点:乡村旅游发生在乡村地区这个特定的空间范围内,其核心吸引物既包括乡村的生态环境、田园景观,也包括乡村的农业生产、生活、民俗文化、民居建筑等人文资源,其本质体现为"乡村性"。基于此,我们认为,乡村旅游是指以乡村地区为旅游目的地,以乡村生产生活场所为主体空间,以具有乡村性的自然景观和人文资源为核心吸引物和独特卖点,吸引旅游者前来开展观光游览、休闲度假、考察学习、康体疗养、农事体验等旅游活动。

表1-2　乡村旅游的典型定义

研究者/机构	对乡村旅游的理解和定义
Gilbert D. et al.(1990)	乡村旅游是依托农户提供食宿条件,利用农场牧场等乡村要素和环境从事休闲娱乐活动的一种旅游形式。
Edward Inskeep(1991)	乡村旅游作为一种人为构造的乡村旅游形式,乡村旅游指旅游者住在乡村里或乡村附近(一般是偏远乡村),了解乡村和当地文化、生活方式和习俗,而且往往会参加一些村里的活动。
Bramwell B. et al.(1993)	强调乡村旅游应该是位于乡村地区的,所开发的旅游活动应与自然紧密相连,无论是景区开发规模还是建筑规模都应体现当地的文化传统和乡村世界的特点。
欧洲联盟和经合组织(Reichel A.,2000)	乡村旅游发生地点在乡村,"乡村性"是旅游资源核心要素,通过乡村景观、乡村经营方式或开阔的空间来进行"乡村性"的表现。
杜江等(1999)	农村的乡野风光和民俗活动是吸引都市居民的核心吸引物。
何景明等(2002)	强调乡村旅游的乡村性特征,认为乡村地区的自然和人文客体构成乡村旅游的吸引物。乡村旅游的概念至少包含两方面内容:①乡村旅游发生在乡村地区;②以乡村旅游资源为旅游吸引物。
刘德谦(2006)	在乡村地域中与农事相关的乡村风情(由风俗、风土、风景、风物等组合而成)是吸引旅游者前往乡村进行旅游活动的主要吸引物。
唐代剑等(2005)	乡村旅游是以城郊及远离城市的乡村地区的自然资源和人文资源为资源基础,以城市居民为主体游客市场,集参与性、娱乐性、享受性、科技性于一体的休闲旅游产品。

(四) 乡村旅游地

旅游地与旅游目的地是一对可以通用的概念,在英文中均表达为 Tourism Destination,国内外学界对旅游(目的)地的概念至今仍未形成统一的认识。由于学科背景的差异以及研究的侧重点不同,研究者分别从地理空间、旅游者体验、运营管理、旅游供给等不同的视角对旅游(目的)地的概念进行界定(见表1-3)。借鉴以上概念,并结合乡村旅游的特质,我们对乡村旅游地进行如下界定:乡村旅游地是旅游(目的)地的一种类型,是以具有乡村性的自然景观和人文资源为吸引力,满足旅游者观光游览、休闲度假、考察学习、康体疗养、农事体验等方面需求,并由统一的管理机构进行管理的区域空间。

表1-3　旅游(目的)地的典型定义

研究视角	研究者	对旅游(目的)地的理解和定义
地理空间	霍洛韦(1997)	一个旅游目的地可以是一个具体的风景胜地,或者是一个城镇,一个国家内的某个地区,整个国家,甚至是地球上一片更大的地方。
	保继刚(1996)	从本质上来看,旅游(目的)地是一个空间概念,它是指一定地理空间上,由旅游吸引物、设施、社区等有机结合,吸引旅游者做短暂停留、游览参观,能满足旅游者旅游需求的区域。
旅游者体验	Leiper N. (1990)	旅游目的地是人们旅行的地方,是人们选择逗留一段时间以获得某些体验的地方。
运营管理	D. 布哈利斯(2000)	旅游目的地是一个特定的地理区域,被旅游者公认为一个独立完整的个体,有统一的旅游业管理和规划的政策司法框架,也就是说统一的目的地管理机构进行管理的区域。
旅游供给	郭华(2007)	能够对一定规模旅游者形成旅游吸引力,包含满足其特定旅游需求的各种旅游设施和服务体系,并由统一的目的地管理机构进行管理的区域。

乡村旅游地由于地域环境的差异,开发模式的不同,加上自身旅游资源的多样性,其类型划分方式较多。魏小安(2005)按照旅游空间的性质,将乡村旅游地分为乡村旅游点和休闲农家乐、农业观光园区、新农村建设点、传统村落以及农业景观胜景地区等5种类型。邹统钎(2005)根据依托资源的类型,将乡村旅游地分为3种类型:农村依托型(以农村聚落、农民生活为依托)、农田依托型(以农田、苗圃、茶园、花园、果园、林园等为依托)、农园依托型(以"三高"农业园为依托)。基于旅游社区参与的效应,并结合乡村旅游地的农业生产特征,本课题将按照时空维度对乡村旅游地类型进行划分。

在空间维度上,将乡村旅游地分为景区型乡村旅游地和景郊型乡村旅游地。其中,景区型乡村旅游地是指依托自身拥有的核心吸引物以及客源市场,独立发展乡村旅游的区域,往往属于独立的乡村旅游景区;景郊型乡村旅游地是指地处旅游景区边缘,依托景区客源市场及自身拥有的特色旅游资源,为旅游者提供与景区优势互补的旅游产品,从而开展乡村旅游活动的区域(许芳,2009;吴杨梅,2014)。

在时间维度上,按照发展阶段将乡村旅游地分为成长型乡村旅游地和成熟型乡村旅游地。参照加拿大学者巴特勒(Butler R. W.,1980)的旅游地生命周期理论,我们认为成长型乡村旅游地处于发展的起步阶段,即相当于旅游地生命周期中的介入阶段、探索阶段以及发展阶段,旅游市场显著增长,旅游设施逐步完善,旅游业处于快速发展状态的乡村旅游地;而成熟型乡村旅游地则是处于旅游地生命周期的稳定阶段或停滞阶段,旅游市场增长缓慢或停滞,旅游设施较为完善,旅游业发展处于相对稳定状态的乡村旅游地。两者在旅游发展的速度、规模、产品、营销、竞争力以及社区效应方面均存在较大差异。

(五) 乡村旅游社区

当社区依托旅游资源开展旅游活动时,"社区"将被赋予新的内涵(张传时,2011)。旅游社区至今还没有形成具体明确的定义,由于研究者的学科背景或研究角度不同,对旅游社区的理解也不一样(见表1-4)。综合旅游社区的诸多定义,并结合乡村旅游的发展实践,我们发现,乡村旅游社区并不是乡村旅游与社区的简单叠加,而是必须有乡村性的旅游吸引物,必须有完善的旅游服务功能,必须有为当地居民生活与外来旅游者休闲而共享的地域空间。综上所述,我们对乡村旅游社区进行如下定义:乡村旅游社区是指在旅游发展过程中形成的,具有乡村性的旅游吸引物以及完善的旅游服务功能,能为乡村居民生活与外来旅游者休闲而共享的旅游社会—生活空间共同体。

表1-4 旅游社区的典型定义

学科或视角	研究者	对旅游社区的理解和定义
地理学	唐顺铁(1998)	旅游社区是指在一定地域内,有着丰富的自然或人文旅游资源,客观或主观发展旅游业的一个有序空间群落,该地域空间中的人们有共同的地域文化、习俗、信仰、价值观念、消费习惯、经济社会生活氛围。
社会学	张继涛(2009)	社区内部或周边均存在着可供开发的旅游资源,社区经济发展主要依赖于旅游观光业及商业、服务业。按照其内部的空间关系和社区居民的参与程度,又可以细分为核心社区、中间社区和边缘社区。
旅游学	郭华(2007)	旅游社区是由聚居在一定乡村地域范围内具有某种互动关系的、有共同文化维系力的人群所组成的社会生活共同体,他们承受旅游活动所带来的经济、社会文化、环境等方面的积极与消极影响,往往表现为一个又一个的自然村落。
人类学	孙九霞(2009)	旅游社区是旅游目的地、旅游风景区内及其周边与旅游活动较为密切的社区。
人口学	许树辉(2006)	旅游社区是指共同依托某一旅游资源开展旅游活动,一群居住地较接近、有着共同利益的人。

四、文献述评

随着乡村旅游的蓬勃发展,乡村旅游研究引起了国内外研究者的广泛关注,主要在乡村旅游的概念与性质、发展效应与可持续发展、资源评价与开发、发展模式与动力机制、产品开发与市场营销、宏观政策管理等方面取得了较为丰富的研究成果,基本上形成了多领域、多学科、多方法的研究格局(何景明,2003;姚治国等,2007;李加林等,2009)。同时,他们在探讨乡村旅游地可持续发展的过程中,还关注到乡村旅游地的农业生产问题,主要在农业生产选择、农业景观生产、农业土地经营等方面零散地展开了相关的讨论和分析。

(一)有关乡村旅游地农业生产选择的研究

国外研究者对乡村旅游地的农业生产选择较为关注,其研究成果主要聚焦在农场,关注的对象是农民和农场主,主要采用计量分析方法研究他们的相关感知和行为。研究者普遍认为,乡村旅游激发了农民农业生产的热情,也得到了农民的广泛认同与响应。Lesley(2001)、Nilsson(2001)、Thompson(2004)、Lepp(2007)等通过不同国家乡村旅游的实例研究,证明乡村旅游开辟了农业生产的新途径,农民由此获得了更多的农业收成,增强了农业生产的兴趣和信心。Gox 等(转引自原梅生,2008)还研究发现,在乡村旅游过程中,旅游者会购买当地农产品,甚至在归国后,由于对当地农产品的推崇而继续购买,因此当地农民会根据需求调整他们的生产。但也有一些研究者认为,乡村旅游的发展阻碍了农民从事农业生产,从而引起了他们的反感和抵制(Hazel T.,2003;Stroma C.,2008),有些农民出于现实生活而不愿放弃现有的农业耕作模式(Hjalager A.,1996)。David W. et al.(2000)通过加勒比海 Antigua 岛旅游案例研究显示,自从 20 世纪 50 年代兴起的旅游业代替了传统的甘蔗产业后,当地居民由于被排挤在旅游业外,仍然是最穷的社会群体,直到 1998 年开始恢复传统甘蔗种植业,他们的地位才有所好转。

近年来,国内研究者开始关注乡村旅游地农业生产问题,他们较多肯定乡村旅游对农业生产的带动作用。高谋洲(2008)、赵承华(2009)、李明贤等(2011)主要从宏观层面进行分析,认为在乡村旅游发展过程中,农业结构得以优化,生产技术得以提高,生产效益得以增加,农民收入得以增多,农业得以现代化。更多学者从微观层面描述和分析乡村旅游地农户农业生产选择行为。戴美琪(2007)、孔祥智等(2008)、张祥桔等(2008)通过调查发现,乡村旅游带动了当地的农业经济,农户积极从事饲养家禽、种植田地、承包山林、开辟果园等农业生产活动,而且尤其选择特色种养模式,从中获得了可观的经济收益。侯蕊玲(2006)在丽江拉市海乡村旅游脱贫调查案例中反映,乡村旅游带动了藤编、雕刻、刺绣、木工从业人员的增加。黄平芳(2012)在广东阴那山的调查表明,当地农户更乐于选择"半工半耕"的兼业方式,以达到各类事业互补及风险摊分的目的。但也有部分研究表明,乡村旅游对农业生产具有一定的负面影响,在旅游利益比较及旅游环境限制等影响下,农户往往选择减少或放弃农业生产。例如,左冰等(2015)在桂林遇龙河景区骥马村的调查发现,绝大多数村民仅耕作能够维持他们日常食用的耕地,将其余的田地抛荒,少数村民选择全部抛荒,而且耕地利用程度也在降低。李梁平(2016)在研究花海旅游地农户景观油菜种植行为时发现,旅游是否干扰了油菜生产与农户景观油菜种植意愿呈负相关关系,即农户在油菜种植过程中,遭受了旅游者行为的干扰和破坏,便会产生不满意情绪,种植愿意就会随之降低。诸多研究表明,乡村旅游地农户的农业生产选择行为既充满经济理性,又保留了传统惯性和生活理性。

(二)有关乡村旅游地农业景观生产的研究

在旅游者的凝视下,农业景观逐渐成为乡村旅游的核心吸引物之一,其生产不仅为开发者和监管部门所重视,也受到学术界的广泛关注。有关乡村旅游地农业景观生产行为的研究主要表现在以下两个方面:

一是乡村旅游地农业景观规划设计研究。作为农业景观生产实践的计划与指导,其规划设计是乡村旅游研究的重要主题,尤其是国内研究者在相当长一段时期内对其进行了系统探讨和研究。国内外研究者普遍认为,规划设计是农业景观开发的前提和保障,对乡村旅游发展有着深远的影响(Davies E. et al.,1992;吕明伟等,2010)。为了更好地指导乡村旅游开发实践,研究者对农业景观规划设计的理论体系、内容框架、技术方法、操作规程、项目评审、规划实施以及行业规制等诸多方面进行了探讨(王

先杰,2009;张述林等,2014)。这些研究取得了较为丰富的成果,并表现出
3个明显趋势:①应用化。大部分成果是研究者对规划设计案例的系统总
结和梳理,并以指导开发实践为旨趣,保证了较强的应用性和可操作性。
但有关理论基础的研究仍然较为薄弱。②专门化。随着旅游休闲市场的
日益分化,农业景观规划设计逐步走向专门化,出现了休闲农业园规划设
计(郭焕成等,2007)、休闲果园规划设计(杨丽芳,2012)、休闲牧场规划设
计(黄平芳等,2014)等专门研究成果。③创意化。为了吸引旅游消费者,
诸多研究者探讨了农业景观规划设计的创意化路径,比如邱枫等(2006)
的特产观赏农园旅游规划设计、黄平芳等(2008)的稻作文化旅游体验开
发、严贤春等(2005)的丘陵区生态农业旅游的垂直景观开发、邵隽等
(2012)的社区支持农业型市民农园休闲模式,等等。这些研究成果对农
业景观的创意设计与开发具有实践应用价值。

　　二是乡村旅游地农业景观开发与保护研究。农业景观的开发与保护
是当前乡村旅游亟须解决的重要问题。相关研究表明,为了迎合旅游者的
凝视,乡村旅游地往往保留传统的耕作方式(刘丹萍,2008;王林,2009),
维持和恢复传统的手工业(威廉·瑟厄波德,2001;Lansing J.,1991),甚至
新开辟规模化、特色化的农业景观,从而推动了花海旅游的蓬勃兴起(黄
平芳等,2013)。然而更有不少研究者关注农业景观开发保护面临的问题。
例如,李鹏(2005)对云南罗平的研究发现,由于农户不能充分享受旅游发
展带来的好处,不仅挫伤了种植油菜的积极性,还出现对路过油菜地及在
油菜花中照相的旅游者强行索要赔偿的过激行为。张林等(2008)对广西
龙脊梯田的研究发现,在旅游业的冲击下,传统梯田耕种农业的生产投入
和劳动力不足,导致梯田景观维护力减弱、审美质量下降,农业和旅游业之
间的不和谐发展危及梯田旅游的可持续发展。由此可见,粗放和不合理的
乡村旅游开发,不仅造成了当地生态环境破坏、利益矛盾激化等问题,而且
导致农业景观的开发和保护难度加大;甚至在经济理性和传统惯性的双重
作用下,农户选择放弃农业生产,直接威胁到农业景观的保护,严重制约着
乡村旅游地可持续发展。基于此,有不少研究者认为,要保护乡村旅游地
农业景观特质性,就必须保留和支持农业生产(冯娴慧等,2012),从农业

文化遗产保护的高度制衡农业景观开发(袁俊等,2008;Geoffrey W. et al. 2014),并提出完善补偿机制(张林等,2008)、营造旅游体验(黄平芳等, 2008)、内化外部性(李鹏,2008)等建议。

(三)有关乡村旅游地农业土地经营的研究

土地资源是农业生产的重要载体,也是乡村旅游发展不可缺失的重要资源。在土地资源有限的前提下,如何统筹协调农业与旅游的关系,是乡村旅游地可持续发展的难点问题,也是学术界讨论的焦点问题。

围绕着农业与旅游的关系问题,国外研究者对乡村旅游地农业土地经营问题有所涉猎,主要偏重于实证分析乡村旅游地的旅游业与土地经营之间的影响效应。例如,Telfer D. et al.(1996)主要从食品供应链的角度探讨旅游和食物生产之间存在土地和劳动力的竞争。McGehee N. et al.(2004)分析了农场主的土地占有对农业旅游的推动作用。Forsyth T.(1995)对泰国北部的一个小山村的研究表明,乡村旅游发展造成当地农村社会进一步贫富分化,土地利用强度进一步提高,最终导致当地环境出现退化。Hjalager(1996)以丹麦为个案进行实证分析,探讨了农业旅游发展对其土地所有人或产权者之影响。研究结果发现,因现实生活需要,农民试图维持传统农业生产机械化耕作,在实施初期很难真正实现农业与旅游的融合发展。尽管国外的相关研究并不太符合我国国情,但其理论和方法对我们仍具有一定的借鉴意义。

相比国外的研究,国内研究者对乡村旅游地农业土地经营的研究更为直接和具体,他们主要通过个案研究,剖析旅游开发对乡村旅游地农业土地经营的影响。部分研究者通过实证研究发现,旅游开发引起乡村旅游地的耕地需求量减少,部分耕地向旅游用地转化(陈志钢,2010),尤其是以旅游经营为主的农户耕地丧失严重(陈佳等,2015),还有一些农户为了专事旅游经营,主动荒弃田地(吴忠军,2012)。但也有研究者得出了与此不同的结论。例如,黄丽(2009)在昆明团结镇的调查表明,旅游开发后,农户反而不愿意放弃土地的耕种,当地原本丢弃农用地的现象得以改正。李辅敏等(2014)对贵州省黔东南郎德上寨的研究结果显示,开发旅游的显著经济效益为当地留住了更多青壮年劳动力,保证了充足的劳动力从事农业生产,因此土地种植情况相比周边地区反而要好。张朝枝等(2009)通过对开平碉楼与村落旅游发展不同阶段的农民土地意识观察发现,乡村旅游的发展推动了乡村都市化,赋予了乡村土地新的经济价值,增加了农民对土地的依恋,为农民土地意识回归创造了时间与空间的可能性,使当地农民从"抛荒、卖地"转向"代耕"甚至回归到传统土地意识。为了破解我国农村旅游用地的难题,更多的研究者积极探讨乡村旅游地土地流转问题。杨竹清等(2010)认为,土地流转可以赋予农民更多的经营自主权和自由选择权,可以推动乡村旅游新模式的发展,建议村民、旅游企业、政府应共同合作,努力降低村民土地流转的成本、提高收益,努力探索适合本村的土地流转模式,兼顾三者的利益,谨行可持续发展战略。田磊等(2009)基于土地流转方式,对农民集体和旅游开发企业在乡村旅游开发中的合作进行博弈分析,认为加强合作对于政府、旅游开发企业和农民三者来说都具有利益驱动性,从而通过土地资源配置的帕累托改进达到帕累托最优。根据当前乡村旅游开发中的土地流转模式分析,提出土地流转方式的改进建议,保护农民的应得权益。龙良富等(2011)通过对中山市崖口村村民在旅游开发用地中的决策行为进行深度调研,发现当地农民在土地流转中表现出因可得性偏向导致的差异化认知与态度、伦理行动下的集体选择、规避风险下的非最优选择的有限理性行为特征,主张在土地流转中应该将选择权留给农民,引导农民权衡长期和短期利益之间的关系。

(四)总体评述

综上所述,国内外有关乡村旅游地农业生产的研究,涉猎范围较广,研究结论丰富,尽管研究成果较为零散,但还是为我们揭示了乡村旅游地纷繁复杂的农业生产行为特征,并提出了不少有价值的建议和策略,对于系统研究乡村旅游地农户农业生产行为具有参考意义。但同时也要看到,国外的相关研究主要聚焦在农场,关注的对象是农民和农场主,得出的研究结论与我国国情并不吻合;而国内现有的研究偏于功利,注意力集中在"物"上,关注更多的是乡村旅游地的规划开发以及经济效益,而忽略了对

农户行为的微观探讨和实证分析,有关乡村旅游地农户农业生产行为的研究仍然存在以下缺憾和不足:

第一,研究层次偏重宏观视野,缺少微观细致的实证研究。农户作为乡村旅游地的社区居民,其行为方式不仅受地理环境、资源禀赋、文化背景等影响而产生差异,而且因开发模式和利益相关者不同亦有差别,这就决定乡村旅游地农户农业生产行为研究必须开展微观细致的实证研究,以增强研究的解释力度和实证价值。而现有的研究成果较多地停留在宏观的归纳总结上,缺乏微观细致的实证研究,致使研究的深度和广度不够,直接影响到研究结论的可信度和科学性,由此难以总结出普遍性经验进行推广应用。

第二,研究内容偏重旅游行为,缺少对农业行为的关注。农户不仅是乡村旅游地的旅游经营者,也是农业生产者,更是农业景观特质性保护的重要主体。因此,农业行为是乡村旅游地农户行为研究不可缺失的内容。而长期以来学术界对乡村旅游地的研究多数是从"旅游"的视角进行的,对农户行为的研究更多关注的是旅游行为,而忽略了对农业行为的研究,从而偏离了乡村旅游的本质特性,也影响了对农户行为的科学判定。

第三,分析框架偏重认知阶段,割裂了完整的行为过程。按照农户行为理论,农户行为是一个从认知到意愿到行为的连续过程,研究农户行为应该对认知、意愿、行为三个行为阶段进行分层与融合研究,深刻剖析完整的农户行为过程。而现有对乡村旅游地农户农业生产认知、意愿、行为的分析多是各自单一方面进行的,是相互割裂的,且偏于农户的感知和态度,缺少对农户"认知—意愿—行为"这样完整的行为过程考察,这样无法定位农户在不同行为阶段的影响因素,无法针对不同行为特点的农户分别实施行为调控。

总之,对于乡村旅游地农户农业生产行为的研究,还需进一步加强和深化,理论和现实都迫切需要我们利用新的方法,从新的视角进行系统探讨。

五、研究思路与方法

(一)研究思路

本课题将依托农户行为理论、行为激励理论等基础理论,应用问卷调查、PRA 调查等调研方法以及计量模型、PRA 工具等分析手段,按照"建立乡村旅游地农户农业生产行为分析理论框架→实证分析乡村旅游地农户农业生产行为特征及其影响因素及效应→构建乡村旅游地农户农业生产行为调控机制"的基本思路进行研究(见图 1-1)。

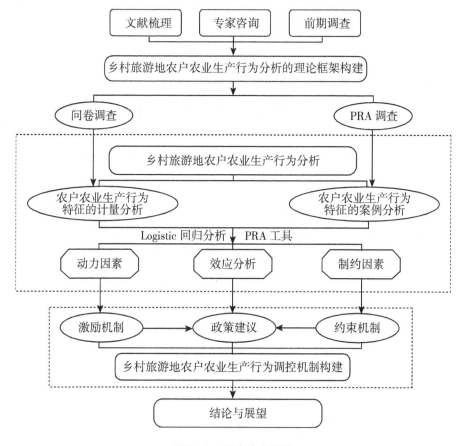

图 1-1 研究技术路线

(二)研究方法

1. 文献研究法

通过文献阅读与整理,了解国内外有关乡村旅游地农户农业生产的理论研究动态和实践情况,以及作为本课题研究区域的江西省乡村旅游地农业生产现状,为本课题后面的问卷设计和 PRA 调查以及研究分析奠定坚实的基础。

2. 问卷调查法

根据研究的总体构思以及借鉴前人的研究,设计乡村旅游地及非乡村旅游地农户农业生产行为调查问卷,同时通过多次预调查完善问卷。最后使用随机抽样法在江西省选取 17 个县(市、区)的 805 户乡村旅游地农户以及 230 户周边非旅游地农户进行实地问卷调查,共发放问卷 1035 份,收回有效问卷 908 份。调查内容主要包括样本点的社会经济环境、家庭特征、家庭生产经营情况、农业投入产出情况和农户对农业生产的看法等。

3. PRA 方法

PRA 方法,即参与式农村评估方法(Participatory Rural Appraisal,简称 PRA),是国际上在农村发展项目的设计、实施、评估、验收中常用的一种调查方法,已形成了参与观察、深度访谈、座谈会、资源图、季节历、变化趋势、问题树因果分析、问题矩阵排序等一系列科学、合理、易操作的工作方法和工具。它的理论基础是"参与发展理论",强调以农户为主体,信息来自于农户,从农户的角度了解农村,制订可持续的农村发展规划(周大鸣等,2005)。本课题采用该方法对具有代表性的乡村旅游地进行社区调查,通过个案调查并"深描"乡村旅游地农户农业生产行为及一些关键影响因素,从中挖掘更加微观、丰富的相关信息,使研究能动态还原复杂的农户农业生产行为过程,并提出更具可操作性和易于满足农户需求的结论和建议。本课题先后在江西省 23 个乡村旅游地分别选取 5 个代表共 115 人进行 PRA 调查,重点开展深度访谈和座谈等工作。

4. 比较研究法

为了把握不同地域空间、不同发展阶段、不同开发模式和不同农户类型的农业生产行为的差异,以便于剖析乡村旅游地农户农业生产行为机理,本课题较多地采用比较研究法。如通过与非旅游地农户进行比较分析,梳理乡村旅游地农户农业生产行为的总体特征;将景区型乡村旅游地农户与景郊型乡村旅游地农户、成长型乡村旅游地农户与成熟型乡村旅游地农户以及旅游农户与非旅游农户进行比较分析,厘清乡村旅游地农户农业生产行为的类型特征。另外,在调查点的选择上,也考虑了不同地区的比较。

六、研究区概况与资料来源

(一)研究区概况

江西是一个具有悠久农业历史的农业大省,近年来,凭借优美的生态环境、浓郁的乡土文化以及丰富的农业景观大力发展乡村旅游,涌现了婺源李坑村和篁岭、进贤西湖李家村、井冈山菖蒲村、石城大畲村、新余彩色村等一批著名的乡村旅游地,尤其是靠油菜花引爆旅游的"婺源模式"成为全国乡村旅游发展的典范。据统计,目前全省共有乡村旅游景区(点)600多处,年接待游客超过3787万人次,旅游收入超过253亿元,直接带动农民就业超过30万人,间接就业人数超过67.5万。因此,本课题选择江西省作为研究的案例地,不仅便于调研,而且具有代表性,使研究更具解释力和普适意义。

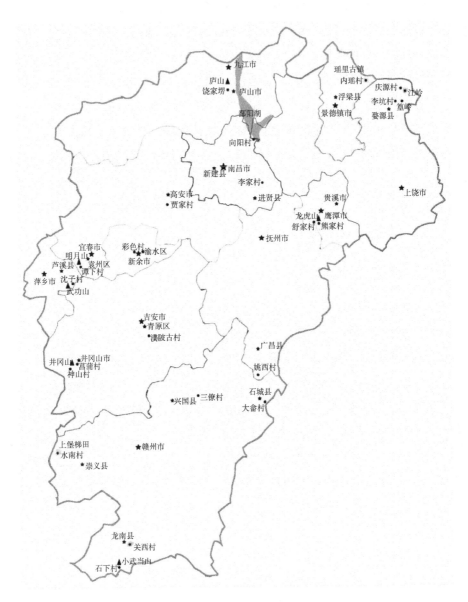

图 1-2　乡村旅游地样点分布

　　本课题根据地域特征、开发模式、发展阶段、农业效益等情况,在全省范围内选取23个具有代表性的乡村旅游地作为研究样点,涉及全省所有11个地级市以及17个县(市、区)(见图1-2)。其中,景区型乡村旅游地13个,景郊型乡村旅游地10个;成长型乡村旅游地13个,成熟型乡村旅游地 10 个。研究样点基本情况如表 1-5 所示。

表 1-5 乡村旅游地样点基本情况

编号	名称	所在地区	空间类型	阶段类型	依托景区/资源	主要农产品
CP	菖蒲村	吉安市井冈山市	景郊型	成熟型	井冈山	水稻、苗木、花卉
CS	彩色村	新余市渝水区	景区型	成熟型	传统民居	水稻、大棚蔬菜
DS	大畲村	赣州市石城县	景区型	成熟型	荷花园	水稻、白莲
GX	关西村	赣州市龙南县	景区型	成长型	关西新围	水稻、大棚蔬菜
HL	篁岭	上饶市婺源县	景区型	成熟型	古村落	水稻、油菜、茶叶
JJ	贾家村	宜春市高安市	景区型	成长型	古村落	水稻、花生、生猪
JL	江岭	上饶市婺源县	景区型	成熟型	梯田	水稻、油菜、茶叶
LJ	李家村	南昌市进贤县	景区型	成长型	新农村	水稻、特色水果
LK	李坑村	上饶市婺源县	景区型	成熟型	古村落	水稻、油菜、茶叶
MB	渼陂村	吉安市青原区	景区型	成长型	古村落	水稻、大棚蔬菜
QY	庆源村	上饶市婺源县	景区型	成长型	古村落	水稻、油菜、茶叶
RJ	饶家垱	九江市庐山市	景郊型	成熟型	庐山	水稻、棉花
RY	内瑶村	景德镇市浮梁县	景郊型	成长型	瑶里古镇	水稻、茶叶、油茶
SJ	舒家村	鹰潭市贵溪市	景郊型	成长型	龙虎山	水稻、板栗、竹笋
SL	三僚村	赣州市兴国县	景区型	成长型	风水文化	水稻、脐橙、花生
SN	水南村	赣州市崇义县	景区型	成长型	上堡梯田	水稻、茶叶
SS	神山村	吉安市井冈山市	景郊型	成长型	井冈山	水稻、竹制品
SX	石下村	赣州市龙南县	景郊型	成长型	小武当山	水稻、油菜、花生
SZ	沈子村	萍乡市芦溪县	景郊型	成长型	武功山	水稻、山羊、黄牛
TX	谭下村	宜春市袁州区	景郊型	成熟型	明月山	水稻、山羊、黄牛
XJ	熊家村	鹰潭市贵溪市	景郊型	成熟型	龙虎山	水稻、板栗、蜂蜜
XY	向阳村	南昌市新建县	景郊型	成长型	鄱阳湖	水稻、渔业水产
YX	姚西村	抚州市广昌县	景区型	成熟型	荷花园	水稻、白莲

资料来源:根据本课题组的 PRA 调查资料整理而得。

(二) 资料来源

本课题研究中使用的资料与数据主要包括文献、统计数据、实地调查资料等。文献包括研究领域相关的学术专著、学术期刊论文、新闻报刊、CNKI 和万方等电子期刊与学位论文数据库的电子文献,以及互联网相关信息与资料等。统计数据来源于公开出版的统计年鉴、普查资料、有关部门的调研报告、统计数据等。实地调查资料包括在实地开展的 PRA 调查和问卷调查获取的资料,调查主要分 3 个阶段进行:第一阶段为 2014 年 3 月在婺源、南昌的预调查;第二阶段为 2014 年 7—8 月以及 2015 年 1—9 月的全面正式调查;第三阶段为 2016 年 3—8 月的补充调查。其中,问卷调查采用随机抽样法,派调查人员赴选取的 23 个乡村旅游地与农户进行面对面问卷调查。在每个样点按照农户类型的大致比例随机抽取 35 户农户进行调查,共发放问卷 805 份;同时在各个旅游地分别选取 5 个农户代表共 115 人进行 PRA 调查;此外,还在每个样点周边的非旅游地随机调查 10 户农户,作为旅游地的参照对象,共发放问卷 230 份。

表 1-6　乡村旅游地农户样本情况　　　　　　单位:户

编号	旅游地名称	旅游农户	非旅游农户	合计
CP	菖蒲村	25	3	28
CS	彩色村	26	2	28
DS	大畲村	19	11	30
GX	关西村	16	16	32
HL	篁岭	19	15	34
JJ	贾家村	10	19	29
JL	江岭	26	7	33
LJ	李家村	14	18	32
LK	李坑村	27	8	35
MB	渼陂村	16	16	32
QY	庆源村	21	14	35

续表

编号	旅游地名称	旅游农户	非旅游农户	合计
RJ	饶家塝	28	4	32
RY	内瑶村	21	7	28
SJ	舒家村	18	8	26
SL	三僚村	14	16	30
SN	水南村	13	18	31
SS	神山村	22	3	25
SX	石下村	16	19	35
SZ	沈子村	26	6	32
TX	谭下村	27	2	29
XJ	熊家村	23	2	25
XY	向阳村	13	18	31
YX	姚西村	24	7	31
合计		464	239	703

数据来源:根据本课题组的问卷调查资料整理而得。

考虑调查问卷数据有效性,本课题对回收的 768 份乡村旅游地农户问卷以及 223 份非旅游地农户问卷进行数据预处理,在初步整理与检查的基础上,对不符合农户划分标准(见表 1-1)、关键信息缺失以及异常表现的数据进行核对和剔除,最终获得的有效问卷为:乡村旅游地农户 703 份,其中景区型乡村旅游地农户和景郊型旅游地农户分别为 412 份和 291 份,成长型乡村旅游地农户和成熟型乡村旅游地农户分别为 398 份和 305 份,旅游农户和非旅游农户分别为 464 份和 239 份(见表 1-6),有效率为 87.32%;非旅游地农户 205 份,有效率为 89.13%。此外,对 PRA 调查案例等资料也进行了编码整理。最后运用 SPSS 17.0、STATA 11.2、EXCEL 等统计工具对以上调查资料进行汇总统计并绘制统计图。

第二章　乡村旅游地农户农业
生产行为分析的理论框架

本章在梳理相关理论的基础上,结合乡村旅游地农业生产实际情况,构建包括农户农业生产行为特征、影响因素及效应的乡村旅游地农户农业生产行为分析理论框架。

第一节　相关理论概述

一、农户行为理论

农户行为一直是学术界讨论的焦点话题,尽管各派的观点存在分歧,但其日益完善的理论体系和研究模型,不仅丰富了经济学理论的研究领域,也为现实中的市场改革和乡村建设提供了一定的理论支持。其中,西方对于农户行为的研究分为理性小农学派、组织生产学派和历史学派等3个流派。

理性小农学派以西奥多·舒尔茨为代表,他强调农户的行为方式与其他微观经济主体没有本质差异,农户是以利润最大化为目标的理性"经济人",具有足够的理性去优化资源配置,能够对市场与价格、成本和收益的变化做出灵敏反应,做到"贫穷而有效率"(Schultz,1964)。后来,波普金(Popkin,1979)对舒尔茨的分析模型做了进一步阐明,他认为小农是在权衡了长期利益和风险因素之后，为追求最大生产利益而做出合理生产抉择的人，是"理性的小农"。

组织生产学派以恰亚诺夫为代表，又称"自给小农学派"。该学派认为小农的经济行为是保守的、非理性的和低效率的，生产目标是以满足家庭消费为主，在生产中追求风险的最低化而不是利润的最大化。这就使得小农在劳动过程中劳动力价值不是通过货币工资来表现，与此同时劳动建立在劳动的投入与产出的平衡关系上，他们往往会选择自身辛苦程度与自家消费需求之间的一种平衡来满足自身效用最大化（恰亚诺夫，1996）。

历史学派以黄宗智为代表，他认为农户不仅是基本的生产单位也是基本的消费单位，因此同时具有维持家庭生计和追求利润最大化的双重特征，而且由于不同类型的农户有着不同的经营目标，处于不同经济阶层的农户其特征的侧重点也不同，随着经济阶层水平的逐步提高，其追求利润最大化的特征逐渐显著。另外，黄宗智还基于中国近现代的华北平原和长江三角洲农业发展的实证，提出著名的"拐杖逻辑"，即"过密化"生产的农户就像是一个虚弱的病人，必须要依靠雇工收入和手工业收入等非农兼业收入作为拐杖支撑才能生活下去，并基于此提出中国农村经济快速发展的唯一出路就是"反过密化"（黄宗智，1986；2000）。

总体而言，以上三个流派主要采用经济模型解释农户行为，其分歧主要在于农户行为是否理性。但实际上农户行为是复杂的，单纯的经济模型难以解释其复杂性（Coughenour et al.，1988；Fairweather et al.，1994）。因而，现在越来越多的研究开始将心理学、行为学、社会学等学科的一些理论和方法引入农业经济领域用来解释农户行为，并对农户行为理论进行不断地修正和扩展。这些有关农户行为的研究为本课题研究乡村旅游地农户农业生产行为奠定了理论基础。

二、激励理论

激励理论是关于如何满足人的各种需要、调动人的积极性的原则和方法的概括总结。自从 20 世纪二三十年代以来，国外许多管理学家、心理学家和社会学家结合现代管理的实践，提出了许多激励理论。这些理论按照形成时间及其所研究的侧面不同,可分为内容型激励理论、过程型激励理论和状态型激励理论等三大类(徐卫涛,2010)。

内容型激励理论是指针对激励的原因与起激励作用的因素的具体内容进行研究的理论。主要包括马斯洛的"需要层次沦"、赫茨伯格的"双因素论"、麦克莱兰的"成就需要激励理论"和奥德弗的"ERG 理论"。该理论着眼于满足人们需要的内容,即人们需要什么就满足什么,从而激起人们的动机。所以该理论从激励过程的起点行为人的需要出发,试图解释需要是由什么因素引起的,哪些因素维持并引导某种行为去实现目标。内容型激励的一般过程是了解行为人的各种需要—确定这些需要的主次顺序—满足每种需要将要采取的相应激励。(阿德莱德·布赖,1987;马仁杰等,2013)

过程型激励理论重点研究从动机的产生到采取行动的心理过程。主要包括弗鲁姆的"期望理论"、豪斯的"激励力量理论"和洛克的"目标激励理论"等。该理论是在内容型激励理论的基础上发展起来的,是从动态分析的角度来研究激励问题。该理论的研究方法是从人的行为动机到行为反应这一过程中,研究有哪些重要因素对人的动机与行为发生作用,即有哪些因素激励职工的积极性,并分析这些因素之间的相互关系,以达到预测或控制人的行为的目的。(阿德莱德·布赖,1987;刘军,2006)

状态型激励理论主要指的是"公平理论"。它是美国行为科学家亚当斯在《工人关于工资不公平的内心冲突同其生产率的关系》《工资不公平对工作质量的影响》《社会交换中的不公平》等著作中提出来的一种激励理论。该理论侧重于研究工资报酬分配的合理性、公平性及其对职工生产积极性的影响。研究方法是了解公平和不公平对人的行为的影响,寻求有效的管理措施,来消除不公平与挫折对人的行为的消极影响,以保证人的积极性得到最大程度的发挥。(刘军,2006;马仁杰等,2013)

激励理论被广泛地运用到现代管理实践中。本书在对乡村旅游地农户行为进行理论分析和实证分析的基础上,将借鉴激励理论的原则和方法,构建农户农业生产的激励机制,以更充分地发挥农户的主体作用,推动乡村旅游地可持续发展。

三、参与式发展理论

参与(Participation)是从社会学理论中衍生出来的概念,从范畴上是公众参与(Citizen participation,又称为公民参与)系统中的一个组成部分(蒋艳,2004)。1997 年 6 月世界旅游组织、世界旅游理事会与地球理事会联合颁布的《关于旅游业的 21 世纪议程》第六项也提出,要将居民作为旅游业发展的关怀对象之一,并把居民参与当作可持续旅游发展实现的重要基础之一。

"参与式"管理理论来源于 20 世纪 30 年代,由福特基金会于 20 世纪80 年代引入,在此期间在东南亚和非洲国家得到进一步的发展和提升。"参与式"管理的核心思想强调管理者的参与性和制度的人性化,即管理者需要参与到社会生活中学习社会规范并履行社会角色应尽的义务,最终获得社会的认可,通过社会实践中所学习到知识来制定具有活力的规章制度以期更好地管理组织。"参与式"管理在发展中国家尤其是农村区域得到广泛应用和迅速推广,形成了农村评估(PRA)、快速农村评估(RRA)、参与式评估与计划(PAP)等方法和工具,成为国际上广泛使用的农村工作模式(周大鸣等,2005)。

受到国际组织的影响和相关机构对"参与式"管理的推进,我国也开始兴起参与式发展的研究和实践活动,其相关理论和实践研究也日趋成熟。其应用范围主要涉及农村发展的相关领域,例如乡村规划建设、自然资源管理和治理、旅游开发、乡村扶贫等各个领域。相对于传统发展理论中以"经济增长"为中心的理念,在以可持续发展为目标的前提下强调以"人"为发展中心,注重当地民众在社会经济发展和资源利用中的主导地位。其核心理念在于培养公众自发参与、发展自身能力、形成自我意识并解决问题的思想。参与式发展是一种"内源发展理论的观点",强调农村发展的真正动力来源于农村社区内部,注重农民本身是农村社会发展的内在源动力,主张"人"是可持续发展的主要主体,强调只有"人"本身在经济活动和发展中得到提升和强化,才是保证可持续发展的真正动力(董茜,2016)。

从实践的角度来看,参与式发展理论认为来自于外界的所有信息、技术、资金方面的支持(抑或外部干预)对于社区发展而言只能起到辅助性的作用,要想实现社区真正意义上的可持续发展还需要将外界干预转化成为社区内在的源动力,即需要农民自身充分认识、认可并接收外界提供的帮助,并借助外界力量转化成为对自身发展的需求从而进一步促进社区发展,使农民从内在认可社区的发展同时也是自身发展的需求,对社区发展具有责任感和拥有感,将社区发展从外在需求转化为内在居民的自身需求以实现发展的可持续性(董茜,2016)。

根据参与主体意愿的强烈程度,社区参与可分为吸纳性参与和自主性参与(徐永祥,2002);根据参与主体的组织形式,分为组织参与和非组织参与;根据参与渠道的制度化水平,分为制度化参与和非制度化参与;从参与的接触形式来看,可以分为直接参与和间接参与(侯国林,2006)。农户作为当前我国乡村旅游地不可或缺的微观经济主体,应该以主人翁的姿态和意识,利用各种参与形式积极投身于旅游发展和农业生产。

四、旅游凝视理论

在西方文化中,人类的"观看"实践总是与政治及意识形态或隐或现地纠结在一起的,其间包含着一系列有关文化、种族、性别与政治的话题。即"看"制造了意义。"凝视",作为一种具体的观看方式,在文艺学、美学以及近年来十分活跃的视觉文化(Visual culture)研究领域里,暗含有凝视主体的强势与被凝视客体的无力和被动性(刘丹萍,2007)。

1992年,英国社会学家约翰·厄里(John Urry)抛弃医学和政治权利沉重话题,将凝视引入旅游研究提出"旅游凝视"理论,认为旅游是人们离开惯常环境去到一个陌生地域凝视自己原本生活获取不到的景观符号和文化符号,以达到愉悦心情、探索求知、冒险刺激等方面的旅游体验,因而决定了旅游凝视具有"反向社会性"。另外,旅游者在介入旅游目的地的物质景观和人文景观的过程中,旅游者和目的地居民在角色、文化层次、族群、社会经济状况等方面的差异决定了旅游者凝视具有"不平等性""支配性""变化性"和"社会性",且旅游者旅游体验的过程也是符号收集的过程,这也表明了旅游凝视具有"符号性"(Urry J.,1994)。其实厄里的"旅游凝视"其实是一种隐喻的说法,它不仅仅指"观看"这一动作,而是将旅游欲求(Needs)、旅游动机(Motive)和旅游行为(Tour 或 Travel)融合并抽象化的结果,代表了旅游者对"地方"(Place)的一种作用力。在这种作用力下,旅游接待地会尽量迎合外来旅游者的欣赏口味,以获得经济效益(刘丹萍,2007)。

后来,不断有学者对该理论进行修正和拓展。其中,以色列学者 Maoz D.(2006)最近提出"当地人的凝视"(Local gaze)和"双向凝视"(The mutual gaze)的概念,并着重考察了当地人的凝视与旅游者的凝视之间如何相互作用,以及产生何种影响,提高了"凝视"理论的实际应用价值。旅游凝视理论范式在西方用作理论研究工具广泛应用到旅游相关研究,近年来国内学者也开始引入该理论并进行本土化实践。目前,在我国的乡村旅游地,农业被逐渐景观化,旅游者与东道主农户的农业生产之间也就必然存在着凝视与被凝视的关系。

第二节　分析框架构建

一、乡村旅游地农户农业生产行为特征的分析维度

乡村旅游地农户在农业生产过程中,面对农业与旅游交织的复杂环境,必然表现为与非旅游地农户不同的思维方式和行为取向。而且,不同类型特征的乡村旅游地农户农业生产有着不同的经营目标和利益诉求,其行为表现既存在成长型乡村旅游地农户与成熟型乡村旅游地农户的不同,也存在景区型乡村旅游地农户与景郊型乡村旅游地农户的不同,还存在旅游农户与非旅游农户的差别。因此,本课题在构建分析理论框架时,将比较研究的视角和方法引入分析,通过外向比较与内向比较全面把握乡村旅游地农户农业生产行为特征。具体而言,采用以下分析维度:

一是总体分析维度。通过与非旅游地农户进行比较,分析农户在家庭特征、感知评价、生产意愿以及种养品种选择行为、生产投入行为、土地经

营行为、技术采纳行为等方面存在的差异,从中梳理和总结乡村旅游地农户农业生产行为的总体特征。

二是阶段类型分析维度。通过对成长型乡村旅游地农户与成熟型乡村旅游地农户的比较,分析不同旅游发展阶段中的乡村旅游地农户农业生产行为的差异,从中梳理和总结乡村旅游地农户农业生产行为的阶段类型特征。

三是空间类型分析维度。通过对景区型乡村旅游地农户与景郊型乡村旅游地农户的比较,分析不同空间环境下乡村旅游地农户农业生产行为的差异,从中梳理和总结乡村旅游地农户农业生产行为的空间类型特征。

四是农户类型分析维度。通过对旅游农户与非旅游农户的比较,分析不同类型的农户在乡村旅游地农业生产过程中行为表现的差异,从中梳理和总结乡村旅游地农户农业生产行为的农户类型特征。

二、乡村旅游地农户农业生产行为影响因素的选取

现有农户行为的研究既拓展了农户经济理论的研究空间,也为我们今天研究乡村旅游地农户行为提供了较好的参照。但必须清楚的是,乡村旅游地的农户农业生产行为肯定不同于一般地方的农户。乡村旅游地的自然资源禀赋、市场和信息资源禀赋、人文禀赋、技术禀赋等的独特性决定了乡村旅游地农户农业生产行为的特殊性。不同的农户行为模式,都是特定要素环境下的产物,都具有一定的存在合理性(黄祖辉等,2003)。农户农业生产决策行为是一个非常复杂的过程,影响因素包括自然条件、禀赋因素、政策制度、市场因素等外部因素影响,同时还包括要素投入、生产技术、生产消费习惯以及产量所引起的不确定性等内部因素(陆文聪等,2005)。

基于此,我们在研究乡村旅游地农户农业生产行为时,除了考虑农户的个体特征因素外,应充分考虑农户的生产特征、政策感知以及所在地区的自然、经济、社会和文化等综合影响因素,还应将农户行为放到旅游语境中去进行综合考虑。根据前人有关农户行为的研究成果,并结合乡村旅游地的现实情况,笔者将乡村旅游地农户农业生产行为的影响因素梳理为农户特征因素、农业生产因素、旅游发展因素、政策感知因素等四大类,每个

大类又包含若干个影响因素。

（一）农户特征因素

从农户经济理论来看,农户在进行生产决策时,只有当农户满足自身的消费需要的生产被安排好后,才安排满足市场需求的生产,在面对市场进行生产决策和消费决策时,他们是理性的。所以,农户特征因素是农业生产决策者的主观因素（刘清娟,2012）。农户特征因素包括户主个体（户主的性别、文化程度、年龄、职业等）、家庭人口、家庭收入等内部因素都会影响着农户生产决策行为,主要对农户的政策技术认知和经营规模有影响。农户家庭中的户主是农业生产的重要决策者,户主的性别、年龄、文化程度、社会实践经验等代表着劳动力素质,其中文化程度是影响农户采用可持续性生产技术的重要因素（周洁红等,2007）。在家庭人口中,除了创造价值的劳动力人口,还有一部分是纯消费人口,维持他们的日常生活是农户生产决策时需要考虑的因素。一般而言,家庭总人口越多,常年从事农业劳动的人数越多,越有利于家庭进行农业生产。而家庭收入则在一定程度上反映农户家庭的资源禀赋情况,对其农业投入会形成一定的预算约束,一般情况下家庭收入多的农户具有更多的农业投入资金,有助于扩大农业生产。

（二）农业生产因素

劳动力、土地、资金是农户农业生产重要的资源禀赋。农户生产行为是在宏微观约束条件下,根据当地自然资源和社会经济发展状况以及自身拥有的农业生产资源、资金和人力资本进行综合考量的结果（刘清娟,2012）。其中,土地是农业生产的基础,土地规模的大小、质量的好坏等都会影响农户的农业生产决策行为;资金是农业生产发展最重要的要素投入之一,又是经济活动正常进行的物质基础。在市场经济条件下,无论是农业生产还是非农业生产都离不开资金投入,投入资金的多少直接关系到农户的农业生产规模和经营效益。

农业技术是农业稳产增收的重要途径。农户是农业技术的直接受用者,在土地资源、水资源等生产要素约束下,他们要想取得较高的农业生产效益,就必须进行科技创新。而要保障农户对新技术的采用,就必须确保农技推广人员或者相应的组织和部门及时地向他们推广新技术,让科技走向生产,在生产中发挥作用。因此,农业技术的推广和使用效果,不仅影响到农业能否稳产增收,而且直接影响到农户在资源投入、品种选择、市场拓展等方面的农业决策行为(胡继连,1992;史清华,2001)。

市场是农户进行生产行为选择时的重要因素,对是否生产或者进行某种农产品生产起决定性的作用。其中,农业生产成本的增加会影响到农户的农业收益,近年来随着土地、化肥、柴油、机械人工费、种子和农药等生产资料的成本上升,农户从事农业的决心产生了动摇,农业不赚钱成为他们的普遍心态。而农产品价格的波动直接影响到农业的生产效益,成为农户生产决策的一个不确定因素。当农产品价格较低,生产资料价格上涨,农民不得不以盈亏平衡为目标而减少生产资料的投入数量,进行粗放经营(徐卫涛,2010)。

农业合作组织是市场商品经济发展的产物,不仅可以有效解决分散小农户与大市场对接的矛盾,在一定程度上保障农产品价值的实现,而且也是农户获得农技知识的重要渠道,农户参加农业合作组织在生产资料、农技服务、机械耕作、技术交流、市场信息、销售渠道等方面提供的服务,能够增加从事农业生产愿意的可能性(赵凯,2004)。

农业作为基础产业,由于自身的脆弱性和生产过程的季节性,在整个再生产循环过程中面临着许多风险,是典型的风险产业。由于气候、地貌、土壤、植被等自然条件复杂多变,使得自然灾害种类多、发生频率高、分布地域广,加上农业生态环境状况的恶化,水利基础设施薄弱,造成的经济损失明显增加,从而损害农户的生产积极性,导致农业生产行为的变化(朱丽娟,2011)。

(三)旅游发展因素

在乡村旅游地,农业与旅游业发展是互为促进、互为制约的。从已有研究成果来看,旅游发展对农户农业生产行为具有明显影响,其影响因素表现为社区特征、社区参与、旅游需求以及旅游干扰等。其中在社区特征因素上,不同类型的乡村旅游社区,由于旅游开发程度以及产业布局的差异,农户掌握的生产资源、面对的市场环境、选择的生产品种、兼业的方式都不同(孙九霞,2009;黄平芳,2012);在社区参与因素上,农户是否参与旅游经营以及参与程度如何,直接影响到农户在农业上的资金、人力、技术等生产要素投入(李明贤等,2011),尤其是在旅游利益比较下,部分农户最终会选择弃农从旅(左冰等,2015);在旅游需求因素上,为了满足旅游者的消费需求,农户在农业生产决策上表现出明显的经济理性,在一定程度上会刺激他们的生产积极性,并根据旅游者需求调整生产(原梅生,2008;Lansing J.,1991);在旅游干扰因素上,随着旅游的发展,大量旅游者涌入乡村,对当地农业生产形成一定的干扰,比如旅游者的踩踏、折枝等行为对农业生产形成直接破坏(张林等,2008;李梁平,2016),政府出于旅游接待需要对农业生产功能进行调控(Hjalager,1996;陈志钢,2010),这些都会影响到农户的农业生产热情以及决策行为。

（四）政策感知因素

国家经济工作制定的各种政策对人们经济生活、经济行为都会有一定的影响。农户是社会经济活动中的弱势群体,他们需要国家的扶持、指导。国家农业政策的调整、变化,会影响到农户的既得利益(林海,2003)。因此,政策是推动农户生产行为变化的综合性因素,对农户的技术认知、生产投入及兼业行为等均有影响(刘清娟,2012)。影响农户生产行为的政策因素,包括农业投入、技术推广、价格调控、农资管理、组织服务、补贴、保险、贷款、防灾减灾等诸多因素,为国家制定区域性政策提供依据。农户对这些政策的感知满意,则有利于提高其农业生产积极性;反之,如果农户感知不满意,就会对农业生产采取消极的态度,表现出犹豫、保守的倾向。

三、乡村旅游地农户农业生产行为的效应分析

农户行为受到个人、家庭、社区与制度等因素的影响,根据农户行为理论,农户在农业生产过程中具有主观能动性,在生产行为实践中反作用于

上述影响因素,产生行为效应。在农户行为效应研究中,一般认为,农户农业生产行为的效应具有双重性。就乡村旅游地而言,农户农业生产有利于稳定当地产业结构,保障农产品供给,丰富旅游景观,保护农业遗产,增加农户家庭收入,稳定和改善农户家庭生活,缓解农户旅游淡旺季的生计矛盾等等;但也有可能带来土地细碎化,生产效益低下,劳动力紧缺,就业和收入不稳定等其他消极影响。基于此,我们应分别从积极性和消极性两个方面分析乡村旅游地农户农业生产行为效应。

四、乡村旅游地农户农业生产行为分析的整体理论框架

根据农户行为理论以及分析维度、影响因素选取、双重效应分析,构建乡村旅游地农户农业生产行为分析框架,如图 2 - 1 所示:

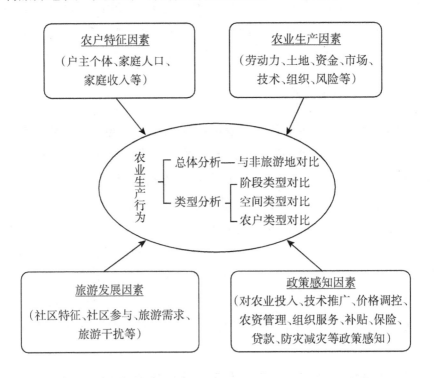

图 2 - 1 乡村旅游地农户农业生产行为分析的理论框架

本章小结

本章在梳理农户行为理论、激励理论、参与式发展理论、旅游凝视理论等相关理论的基础上,结合乡村旅游地农业生产实际情况,构建乡村旅游地农户农业生产行为分析理论框架。即通过类型比较分析乡村旅游地农户农业生产行为的特征,主要表现为总体上与非旅游地农户的行为差异以及在空间类型、阶段类型、农户类型上的行为差异;在多维视角的农户行为理论下选取影响乡村旅游地农户农业生产行为的 4 类因素:包括户主个体、家庭人口、家庭收入等的农户特征因素,包括劳动力、土地、资金、市场、技术、组织、风险等的农业生产因素,包括社区特征、社区参与、旅游需求、旅游干扰等的旅游发展因素以及农户对农业投入、技术推广、价格调控、农资管理、组织服务、补贴、保险、贷款、防灾减灾等的政策感知因素,并进行分因素、分类型影响因素分析;在此基础上分析乡村旅游地农户农业生产行为的积极效应与消极效应。

第三章　乡村旅游地农户农业
生产行为的总体特征分析

本章通过与非旅游地农户进行比较分析,了解乡村旅游地农户农业生产行为总体状况,梳理和总结乡村旅游地农户农业生产行为的总体特征。

第一节　农户基本特征

一、户主个人特征

户主个人基本情况详见表 3 - 1。与非旅游地农户比较,乡村旅游地农户户主的个人特征表现如下:

1. 性别以男性为主,但女性比例更高

乡村旅游地农户户主为男性的有 438 户,占样本总数的 62.3%;而户主为女性的仅有 265 户,占样本总数的 37.7%。但不可忽视的是,越来越多的妇女在旅游业中发挥了自身的优势,从而赢得了更多的家庭决策权,因此女性户主的比例比非旅游地农户(27.8%)高出 9.9 个百分点。

2. 年龄以青壮年为主,整体更年轻

乡村旅游地农户户主年龄在 30 岁及以下的有 25 户,占样本总数的 3.6%,比非旅游地农户(0.5%)高出 3.1 个百分点;在 31~45 岁的有 249 户,占样本总数的 35.4%,比非旅游地农户(20.5%)高出 14.9 个百分点;

在46~59岁的有346户,占样本总数的49.2%,比非旅游地农户(60.0%)低10.8个百分点;在60岁及以上的有83户,占样本总数的11.8%,比非旅游地农户(19.0%)低7.2个百分点。

3.职业多样化,兼业程度更高

乡村旅游地农户户主职业为务农的有247户,占有效样本总数的35.4%,比非旅游地农户(49.8%)低14.4个百分点;从事旅游经营的有184户,占有效样本总数的26.4%;外出打工的有76户,占有效样本总数的10.9%,比非旅游地农户(22.0%)低11.1个百分点;兼业的有123户,占有效样本总数的17.6%,比非旅游地农户(15.6%)高出2个百分点。

4.学历以初高中为主,文化程度更高

乡村旅游地农户户主学历为小学及以下的有210户,占有效样本总数的30.1%,比非旅游地农户(39.0%)低8.9个百分点;初中学历的有246户,占有效样本总数的35.3%,比非旅游地农户(46.8%)低11.5个百分点;高中(中专)学历的有202户,占有效样本总数的29.0%,比非旅游地农户(11.7%)高出17.3个百分点;大专及以上学历的有39户,占有效样本总数的5.6%,比非旅游地农户(2.4%)高出3.2个百分点。

表3-1 户主个人基本情况

调查项目		乡村旅游地农户		非旅游地农户	
		样本数/户	百分比/%	样本数/户	百分比/%
性别	男	438	62.3	148	72.2
	女	265	37.7	57	27.8
年龄	30岁及以下	25	3.6	1	0.5
	31~45岁	249	35.4	42	20.5
	46~59岁	346	49.2	123	60.0
	60岁及以上	83	11.8	39	19.0

续表

调查项目		乡村旅游地农户		非旅游地农户	
		样本数/户	百分比/%	样本数/户	百分比/%
职业	务农	247	35.4	102	49.8
	旅游经营	184	26.4	—	—
	外出打工	76	10.9	45	22.0
	兼业	123	17.6	32	15.6
	其他	67	9.6	26	12.7
文化程度	小学及以下	210	30.1	80	39.0
	初中	246	35.3	96	46.8
	高中(中专)	202	29.0	24	11.7
	大专及以上	39	5.6	5	2.4

数据来源:根据本课题组的问卷调查资料整理而得。

以上数据显示,乡村旅游地农户户主具有明显的旅游化特征,从侧面反映了旅游业的就业带动为当地留住了更多的有文化的青壮年劳动力,也为妇女参与经济活动提供了更多更好的机会,并因此使妇女的家庭地位进一步提高。

二、农户家庭人口及劳动力状况

农户家庭人口及劳动力状况详见表3-2。乡村旅游地农户的家庭人口、劳动力状况与非旅游地农户大致相同,其特征表现如下①:

---

① 因非旅游地农户的家庭人口、劳动力状况与旅游地农户大致相同,此不赘述。

表3-2 农户家庭人口及劳动力状况

调查项目		乡村旅游地农户		非旅游地农户	
		样本数/户	百分比/%	样本数/户	百分比/%
家庭人口	1 人	6	0.9	0	0.0
	2 人	9	1.3	4	2.0
	3 人	67	9.5	20	9.8
	4 人	202	28.7	50	24.4
	5 人及以上	419	59.6	131	63.8
家庭劳动力	1 人	18	2.6	1	0.5
	2 人	217	30.9	73	35.6
	3 人	190	27.0	49	23.9
	4 人	176	25.0	59	28.8
	5 人及以上	102	14.5	23	11.2
农业劳动力	1 人	308	43.8	69	33.7
	2 人	331	47.1	112	54.6
	3 人	46	6.5	19	9.3
	4 人	15	2.1	4	2.0
	5 人及以上	3	0.4	1	0.5
旅游劳动力	1 人	210	44.9	—	—
	2 人	233	49.8	—	—
	3 人	19	4.1	—	—
	4 人	5	1.1	—	—
	5 人及以上	1	0.2	—	—

数据来源:根据本课题组的问卷调查资料整理而得。

1. 家庭人口主要在4人及以上

乡村旅游地农户的家庭人口户均5.22人,其中人口数在5人及以上的农户最多,有 419 户,占样本总数的 59.6% ;其次是人口数 4 人的农户有 202 户,占样本总数的 28.7% ;人口数 3 人及以下的农户仅有 82 户,占样本总数的 11.7% 。

2. 家庭劳动力规模较小

乡村旅游地劳动力人数户均 3.29 人,其中 583 户农户拥有劳动力 2 ~ 4 人,占样本总数的 82.9% ,尤其是劳动力人数 2 人的农户最多,有 217 户,占样本总数的 30.9% 。农业劳动力户均 1.68 人,分别有 308 户和 331 户农户拥有劳动力为 1 人和 2 人,二者合计占样本总数的 90.9% 。在 468 户拥有旅游劳动力的农户中,户均拥有旅游劳动力 1.62 人,其中人数为 1 人和 2 人的农户最多,分别有 210 户和 233 户,二者合计占有效样本总数的 94.7% 。从统计数据来看,乡村旅游地农户的家庭劳动力规模较小,在某种程度上将限制农户扩大农业生产,也影响农户的旅游经营选择。

三、农户家庭收入状况

农户家庭收入状况详见表 3 - 3。与非旅游地农户比较,乡村旅游地农户的家庭收入状况特征表现如下:

表 3 - 3　农户家庭收入状况

调查项目		乡村旅游地农户		非旅游地农户	
		样本数/户	百分比/%	样本数/户	百分比/%
家庭收入层次	下等	14	2.0	9	4.4
	中下	135	19.2	35	17.1
	中等	375	53.3	126	61.5
	中上	138	19.6	32	15.6
	上等	39	5.5	3	1.5

续表

调查项目		乡村旅游地农户		非旅游地农户	
		样本数/户	百分比/%	样本数/户	百分比/%
家庭总收入	1 万元以下	13	1.8	4	2.0
	1 万~3 万元	79	11.2	50	24.4
	3 万~5 万元	201	28.6	88	42.9
	5 万~10 万元	268	38.1	43	21.0
	10 万元以上	141	20.1	20	9.8
家庭收入变化	减少	60	8.5	16	7.8
	变化不大	359	51.1	107	52.2
	增加	281	40.0	82	40.0
农业收入变化	减少	90	12.8	29	14.1
	变化不大	491	69.8	145	70.7
	增加	122	17.4	31	15.1
农业收入比重	20% 及以下	470	66.9	109	53.2
	21%~40%	141	20.1	52	25.4
	41%~60%	45	6.4	17	8.3
	61%~80%	32	4.6	19	9.3
	81%~100%	15	2.1	8	3.9
旅游收入比重	20% 及以下	111	15.8	—	—
	21%~40%	115	16.4	—	—
	41%~60%	128	18.2	—	—
	61%~80%	95	13.5	—	—
	81%~100%	32	4.6	—	—

数据来源:根据本课题组的问卷调查资料整理而得。

1. 家庭收入更高,偏中上等

在收入层次上,乡村旅游地农户认为自己经济水平在村中处于"中等"的最多,共有 375 户,占样本总数的 53.3% ,"中上"的有 138 户,"中下"的有 135 户,分别占样本总数的 19.6% 和 19.2% ,其分布状态与非旅游地农户大致相似;而"上等"和"下等"尽管分别只有 39 户和 14 户,分别占样本总数的 5.5% 和 2.0% ,但二者均高于非旅游地农户。

在收入水平上,乡村旅游地农户家庭收入以 5 万 ~10 万元的最多,有 268 户,占样本总数的 38.1% ,而非旅游地农户家庭收入以 3 万 ~5 万元的最多,有 88 户,占样本总数的 42.9% ;乡村旅游地农户家庭收入在 10 万元以上的有 141 户,占样本总数的 20.1% ,比非旅游地农户(9.8%)高出 10.3 个百分点。

在收入变化上,乡村旅游地农户与非旅游地农户对家庭收入变化的感知状态相近,均以正态分布为主。其中,感知"变化不大"的农户最多,分别为 51.1% 和 52.2% ;其次是感知"增加"的农户,均为 40% ;感知"减少"的农户最少,分别为 8.5% 和 7.8% 。

2. 家庭旅游收入占据主导,农业收入比重更低

在 481 户拥有旅游收入的农户中,旅游收入比重在 41% ~60% 的农户最多,有 128 户,占样本总数的 18.2% ;在 21% ~40% 的农户有 115 户,占样本总数的 16.4% ;在 20% 及以下的农户有 111 户,占样本总数的 15.8% ;在 61% ~80% 的农户有 95 户,占样本总数的 13.5% ;而在 81% 以上的高比重农户也有 32 户,占样本总数的 4.6% 。以上数据反映了旅游发展对农户家庭收入的贡献,旅游业已成为乡村旅游地很多农户家庭收入的重要来源。

农业收入在农户家庭收入中的比重均偏低,乡村旅游地农户更是低于非旅游地农户。其中,农业收入占比在 20% 及以下的乡村旅游地农户有 470 户(66.9%),非旅游地农户有 109 户(53.2%);家庭农业收入在 60% 以上的乡村旅游地农户仅有 47 户,占样本总数的 6.7% ,非旅游地农户也仅有 27 户,占样本总数的 13.2% 。

另外,农户对农业收入变化的感知状态相近,均以正态分布为主。其中,感知"变化不大"的农户最多,乡村旅游地农户与非旅游地分别为 69.8% 和 70.7% ;其次是感知"增加"的农户,分别为 17.4% 和 15.1% ;感

知"减少"的农户最少,分别为 12.8% 和 14.1%。

　　3. 家庭收入来源多元化,更倾内向

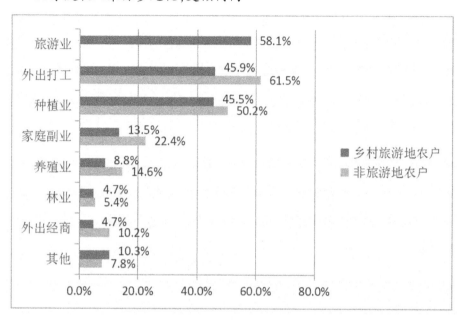

图 3 - 1　农户家庭主要收入来源

　　从图 3 - 1 看,乡村旅游地农户家庭收入来源途径多样。其中,58.1%
的农户家庭收入来源于旅游业,而且在家庭收入的比重也较高,45.9% 的
农户来源于外出打工,45.5% 的农户来源于种植业,13.5% 的农户来源于
家庭副业,8.8% 的农户来源于养殖业,4.7% 的农户来源于林业,4.7% 的
农户来源于外出经商。例如,婺源县李坑村李某家全年收入约 10 万元,其
中农业收入约 0.7 万元,打工收入 2 万元,旅游收入 6.6 万元(见案例
LK15)。

　　案例 LK15:李某,男,49 岁,初中文化,在景区当保安,休假时间帮助
家里打理生意。妻子 45 岁,初中文化,在家里开餐馆。大儿子 22 岁,高中
文化,在广东顺德打工。小儿子 18 岁,在县城读高中。女儿 12 岁,在家读
小学。2014 年,家有耕地 3.7 亩,其中种植水稻和油菜各 1 亩,茶叶 1.1
亩。家里养牛 1 头,鸡 23 只,鸭 12 只,蜜蜂 6 箱。当年卖茶叶 80 斤收入

6000 元,卖蜂蜜 48 斤收入 1000 元,打工收入 2 万元,景区工资收入 2.4 万元,餐饮收入 4.2 万元。全年家庭总收入约 10 万元。

在当前农业比较利益低的情况下,乡村旅游地农户更偏重内向经营,而非旅游地农户则更偏重外向经营。在各项非旅游收入来源上,乡村旅游地农户的比例均明显低于非旅游地农户,其中来源于外出打工的非旅游地农户高达 61.5%,乡村旅游地农户比其低 15.6 个百分点,来源于外出经商的非旅游地农户也有 10.2%,乡村旅游地农户比其低 5.5 个百分点。在外出打工方面(见表 3-4),乡村旅游地农户的比例也明显低于非旅游地农户,外出打工的乡村旅游地农户有 59.0%,而非旅游地农户则高达 78.5%;其中,常年在外打工的乡村旅游地农户有 36.4%,而非旅游地农户比例更高,达到 62.4%;短期外出打工的乡村旅游地农户有 22.6%,高出非旅游地农户(16.1%)6.5 个百分点。

表 3-4　农户外出打工情况

外出打工	乡村旅游地农户		非旅游地农户	
	样本数/户	百分比/%	样本数/户	百分比/%
否	288	41.0	44	21.5
常年在外	256	36.4	128	62.4
短期外出	159	22.6	33	16.1

数据来源:根据本课题组的问卷调查资料整理而得。

4. 家庭旅游收入来源多样,偏向自主经营

据图 3-2 显示,旅游收入来源于开餐旅馆的农户最多,有 181 户,占样本总数的 38.4%;其次是来源于摆摊、开商店和景区上班的农户,分别有 147 户、106 户和 105 户,分别占样本总数的 31.2%、22.5% 和 22.3%;来源于旅游分红的农户有 40 户,占样本总数的 8.5%。

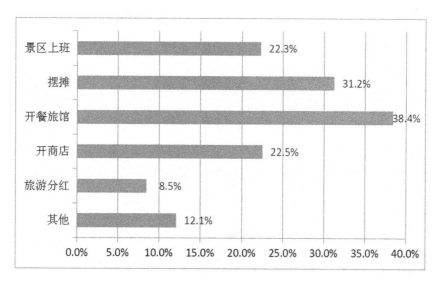

图 3 - 2　农户家庭旅游收入来源

四、农户家庭开支状况

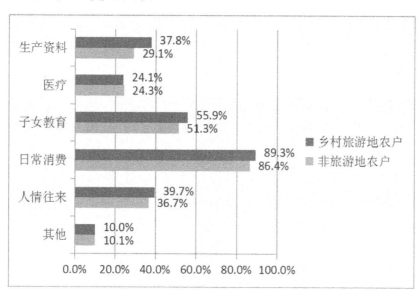

图 3 - 3　农户家庭主要开支项目

由图 3 - 3 可见,家庭开支主要用于日常消费、子女教育、人情往来和生产资料等项目的乡村旅游地农户比例均高于非旅游地农户,但二者的样本分布状态高度相似。其中,家庭开支主要用于日常消费的农户最多,乡村旅游地农户和非旅游地农户分别有 89.3% 和 86.4% ;其次是子女教育,乡村旅游地农户和非旅游地农户分别有 55.9% 与的 51.3% ;第三是人情往来,乡村旅游地农户和非旅游地农户分别有 39.7% 和 36.7% ;第四是生产资料,乡村旅游地农户和非旅游地农户分别有 37.8% 和 29.1% ;最后是医疗和其他,乡村旅游地农户与非旅游地农户相当,其中医疗分别有 24.1% 和 24.3% ,其他分别有 10.0% 和 10.1% 。总体而言,相比非旅游地农户,乡村旅游地农户由于家庭收入更高,学习诉求更强,创业机会更多,而且物价水平更高,家庭消费开支自然整体更高。

第二节　农户认知特征

一、农业重视程度评价

从表 3 - 5 看,乡村旅游地农户与非旅游地农户对本村重视农业生产的评价满意度均偏低,满意度均值分别只有 2.870 和 2.821。其中,回答"一般"的农户最多,分别占总样本的 41.6% 和 40.0% ;其次是回答"不太满意"的农户,分别占总样本的 29.5% 和 31.7% ;回答"比较满意"的农户,分别占总样本的 17.3% 和 17.6% ;回答"很不满意"的农户,分别占总样本的 6.0% 和 6.3% ;回答"非常满意"的农户最少,分别占总样本的 5.6% 和 4.4% 。

表 3 - 5　农户对本村是否重视农业生产的评价

评价项目	乡村旅游地农户		非旅游地农户	
	样本数/个	百分比/%	样本数/户	百分比/%
很不满意	42	6.0	13	6.3
不太满意	206	29.5	65	31.7

续表

评价项目	乡村旅游地农户		非旅游地农户	
	样本数/个	百分比/%	样本数/户	百分比/%
一般	291	41.6	82	40.0
比较满意	121	17.3	36	17.6
非常满意	39	5.6	9	4.4
满意值	2.870		2.821	

数据来源:根据本课题组的问卷调查资料整理而得。农户对本村是否重视农业的满意度评价,采用5个易于调查的等级排序并赋值进行测度:5分表示"非常满意",4分表示"比较满意",3分表示"一般",2分表示"不太满意",1分表示"很不满意",最后通过加权平均计算得到满意值。

从表3-6看,乡村旅游地农户与非旅游地农户对政府重视农业生产的评价满意度总体一般,满意度均值分别为3.136和3.186。其中,回答"一般"的农户最多,分别占总样本的44.3%和40.0%;其次是回答"比较满意"的农户,分别占总样本的29.2%和30.3%;回答"不太满意"的农户,分别占总样本的16.2%和18.5%;回答"非常满意"的农户,分别占总样本的5.3%和7.3%;回答"很不满意"的农户最少,分别占总样本的5.0%和3.9%。

表3-6　农户对政府是否重视农业生产的评价

评价项目	乡村旅游地农户		非旅游地农户	
	样本数/个	百分比/%	样本数/户	百分比/%
很不满意	35	5.0	8	3.9
不太满意	113	16.2	38	18.5
一般	310	44.3	82	40.0
比较满意	204	29.2	62	30.3
非常满意	37	5.3	15	7.3
满意值	3.136		3.186	

数据来源:根据本课题组的问卷调查资料整理而得。农户对政府是否重视农业生产

的满意度均值的计算方法同表3-5。

以上统计数据显示,乡村旅游地农户对本村重视农业生产的满意度略高于非旅游地农户,对政府重视农业生产的满意度则略低于非旅游地农户;而乡村旅游地农户与非旅游地农户对政府重视农业生产的满意度,均高于对本村重视农业生产的满意度。

二、农业政策满意度评价

从表3-7看,乡村旅游地农户对农业政策的满意度总体高于非旅游地农户,满意值相差较小,分别为3.070和3.010;满意率则高出4.5个百分点,分别为33.0%和28.5%。其中,满意值与满意率均高于非旅游地农户的政策项目有:农业基础设施投入与建设政策、农业技术投入和推广手段、中介服务组织建设、农业贷款政策等;满意值高于非旅游地农户而满意率低于非旅游地农户的政策项目仅有土地流转政策和做法;满意值低于非旅游地农户而满意率高于非旅游地农户的政策项目仅有农产品价格调控政策;满意值与满意率均低于非旅游地农户的政策项目有:农业补贴政策、农资市场管理手段、农业保险政策、防灾救灾政策和手段。

表3-7 农户对农业政策的满意度评价

政策项目	乡村旅游地农户		非旅游地农户	
	满意值	满意率/%	满意值	满意率/%
农业基础设施投入与建设政策	3.651	67.1	3.028	30.8
农产品价格调控政策	2.960	34.5	3.118	32.2
农业技术投入和推广手段	3.154	39.4	2.855	22.5
农业补贴政策	3.344	48.9	3.407	51.7
农资市场管理手段	2.807	17.0	2.892	23.9
中介服务组织建设	2.824	16.6	2.601	13.2
土地流转政策和做法	2.928	25.0	2.815	25.9

续表

政策项目	乡村旅游地农户		非旅游地农户	
	满意值	满意率/%	满意值	满意率/%
农业保险政策	3.055	25.3	3.075	26.3
农业贷款政策	3.244	37.0	3.193	31.2
防灾救灾政策和手段	3.040	27.1	3.119	27.4
旅游反哺农业的政策和做法	2.761	25.2	—	—
平均值	3.070	33.0	3.010	28.5

数据来源:根据本课题组的问卷调查资料整理而得。农户对农业政策的满意度评价,采用 5 个易于调查的等级排序并赋值进行测度:5 分表示"非常满意",4 分表示"比较满意",3 分表示"一般",2 分表示"不太满意",1 分表示"很不满意"。按照以上测度标准,加权平均计算得到满意值,而满意率为回答"非常满意"和"比较满意"的农户人数与总样本的百分比。

在各个评价项目中,乡村旅游地农户满意值高于一般水平(3.0)的政策项目有:农业基础设施投入与建设政策、农业技术投入和推广手段、农业补贴政策、农业保险政策、农业贷款政策、防灾救灾政策和手段等,其中对农业基础设施投入与建设政策的满意值最高,为 3.651,比非旅游地农户分别高出 0.623;满意值低于一般水平(3.0)的政策项目有:农产品价格调控政策、农资市场管理手段、中介服务组织建设、土地流转政策和做法、旅游反哺农业的政策和做法,其中旅游反哺农业的政策和做法的满意值最低,为 2.761。乡村旅游地农户满意率在 60% 以上的政策项目仅有农业基础设施投入与建设政策,达到 67.1%;满意率在 30% 以上的其他政策项目有:农产品价格调控政策、农业技术投入和推广手段、农业补贴政策、农业贷款政策等;满意率在 30% 以下的政策项目有:农资市场管理手段、中介服务组织建设、土地流转政策和做法、农业保险政策、防灾救灾政策和手段,其中中介服务组织建设的满意率最低,仅有 16.6%。

第三节 农户生产行为特征

一、农户生产选择行为

（一）农户生产意愿

从表 3 - 8 看，乡村旅游地农户的农业生产意愿处于"愿意"状态的有 468 户，占总样本的 66.6%，比非旅游地农户（53.2%）高出 13.4%。其中，选择"不变"的农户有 364 户，占总样本的 51.8%，比非旅游地农户（32.2%）高出 19.6 个百分点；选择"扩大"的农户有 104 户，占总样本的 14.8%，比非旅游地农户（21.0%）低 6.2 个百分点。

表 3 - 8　农户农业生产意愿

生产意愿	乡村旅游地农户		非旅游地农户	
	样本数/户	百分比/%	样本数/户	百分比/%
放弃	106	15.1	45	22.0
减少	129	18.3	51	24.8
不变	364	51.8	66	32.2
扩大	104	14.8	43	21.0

数据来源：根据本课题组的问卷调查资料整理而得。

乡村旅游地农户的农业生产意愿处于"不愿意"状态的农户有 235 户，占总样本的 33.4%。其中，选择"减少"的农户有 129 户，占总样本的 18.3%，比非旅游地农户（24.8%）低 6.5 个百分点；选择"放弃"的农户有 106 户，占总样本的 15.1%，比非旅游地农户（22.0%）低 4.9 个百分点。

（二）农户生产决策因素

相对非旅游地农户而言，大部分乡村旅游地农户从事农业生产并不是主要出于获利增收，因此较少考虑资金、成本、产量、技术以及销售渠道等经济因素,而主要依据自家生活需要和劳动力等资源禀赋做出有限选择。在被调查的乡村旅游地农户中(见图 3-4),考虑自家需要的农户最多,有49.1%,高出非旅游地农户 14.1 个百分点;考虑土地因素的农户为32.1%,高出非旅游地农户 1.1 个百分点;考虑劳动力因素的农户为37.7%,低于非旅游地农户 10.6 个百分点;考虑天气因素的农户为32.4%,低于非旅游地农户 12.9 个百分点;认为受往年生产习惯影响的农户为 19.3%,低于非旅游地农户5.8 个百分点;考虑资金、技术因素的农户分别为 19.0% 和 17.6%,分别低于非旅游地农户 3.7 个百分点和 15.4 个百分点;考虑生产成本、农产品行情、产量因素的农户分别为 15.0%、14.6% 和 14.1%,分别低于非旅游地农户 6.7 个百分点、9.5 个百分点和4.6 个百分点;而考虑销售渠道、政策导向、随大流、合同订购因素的农户

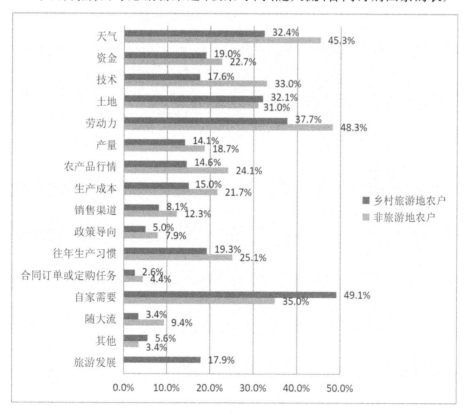

图 3-4　农户生产决策因素

分别为 8.1%、5.0%、3.4% 和 2.6%，分别低于非旅游地农户 4.2 个百分点、2.9 个百分点、6.0 个百分点和 1.8 个百分点；考虑旅游发展因素的农户为 17.9%。由此可见，乡村旅游地农户的农业生产决策更具有生活理性，而非旅游地农户的农业生产决策则表现出更明显的经济理性。

(三) 农户种养品种选择

1. 农户种植品种选择

在调查的农户样本中 (见图 3-5)，种植蔬菜和水稻的农户最多，其中种植蔬菜的乡村旅游地农户和非旅游地农户分别有 96.3% 和 97.6%，种植水稻的乡村旅游地农户和非旅游地农户分别有 61.7% 和 79.0%。种植水果、油菜、花生、红薯的农户也比较多，其中种植水果的乡村旅游地农户和非旅游地农户分别有 33.0% 和 35.6%，主要水果品种有脐橙、西瓜、桃子、蜜橘、梨、葡萄、草莓、板栗等；种植油菜的乡村旅游地农户和非旅游地农户分别有 31.0% 和 22.0%；种植花生的乡村旅游地农户和非旅游地农户分别有 23.3%

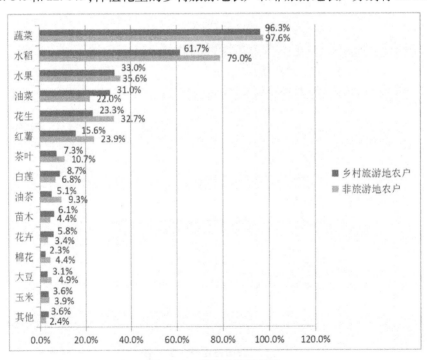

图 3-5　农户的种植品种

和32.7%;种植红薯的乡村旅游地农户和非旅游地农户分别有15.6%和23.9%。另外,还有少部分农户种植了茶叶、白莲、油茶、苗木、花卉、棉花、大豆、玉米等品种,其中乡村旅游地农户种植白莲、苗木、花卉等景观品种的农户比例要高于非旅游地农户,这与当地政府部门和旅游企业为营造旅游景观而大力激励和支持不无关系。总体上看,乡村旅游地农户选择的种植品种相对非旅游地农户要单一,且更倾于景观化和特产化。

通过 PRA 调查还发现,为了迎合旅游发展需要,乡村旅游地农户非常注重对种植品种进行筛选和组合,形成农事季节与旅游季节错峰的轮作模式,从而实现农业与旅游的有机融合。以婺源县为例,每年的3—4月份正值油菜花盛开,是当地旅游最旺的季节,当地农户将主要精力投入旅游经营和接待,5月份后进入旅游淡季,农户开始投入油菜收割、榨油以及水稻种植管理,国庆节期间又形成旅游小高峰,之后进入旅游淡季,农户转而从事稻谷收割、晾晒以及油菜播种和管理。茶叶是当地较为普遍种植的特产,由于采摘加工费时费力,且与旅游高峰冲突,不少农户选择放弃或减少茶叶种植。在油菜花旅游的影响下,婺源乡村旅游地已经形成了农旅结合的油菜—水稻轮作模式(见表3-9)。

表 3-9　婺源县的农事季节与旅游季节

月份	1 月	2 月	3 月	4 月	5 月	6 月	7 月	8 月	9 月	10 月	11 月	12 月
水稻				秧苗培育及管理	耕地插秧		灌溉、施肥、打农药			收割、晾晒		
油菜	施肥		油菜花开		收割	榨油				翻地播种	田间管理	
茶叶	抗旱防冻			采摘加工	浅耕		中耕			深耕		
旅游	淡季		大高峰			淡季				小高峰	淡季	

资料来源:根据本课题组在婺源县的 PRA 调查资料整理而得。

2.农户养殖品种选择

从调研数据看(见图3-6),乡村旅游地农户选择的养殖品种相对非旅游地农户要单一,除了养蜂外,其他品种的乡村旅游地养殖户比例均低于非旅游地养殖户。养鸡的农户最多,乡村旅游地农户和非旅游地农户分别有33.3%和48.3%;其次是养鸭、猪、狗、鱼、牛的农户,其中养鸭的乡村旅游地农户和非旅游地农户分别有12.5%和25.4%,养猪的乡村旅游地农户和非旅游地农户分别有15.2%和22.9%,养狗的乡村旅游地农户和非旅游地农户分别有11.7%和24.4%,养鱼的乡村旅游地农户和非旅游地农户分别有8.4%和12.7%,养牛的乡村旅游地农户和非旅游地农户分别有4.7%和6.8%。还有少部分农户养殖了鹅、蜜蜂、羊、兔子等品种。此外,乡村旅游地还有个别农户为了迎合旅游发展进行了特色养殖。例如萍乡武功山脚下的沈子村农户林某家,花了3万多元从云南买了3匹矮种马,用于托运游客行李上山,年收入2万余元(案例SZ17);又如龙南县关西村农户徐某家养殖了200条中华鲟,卖给餐馆做特色餐饮,年收入3万余元(案例GX22)。

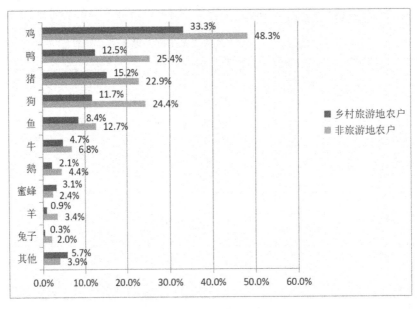

图3-6 农户的养殖品种

通过访谈还了解到,乡村旅游地农户在进行养殖品种选择时,主要受到旅游环境的严格限制,比如景区内禁止放养畜禽、排放污水等,同时考虑到可能的养殖风险以及养殖习惯、资源禀赋约束等,他们更倾向"自给自足"的小规模、单一化的养殖模式。

二、农户生产投入行为

(一)劳动力投入

从统计数据看(见表3－2),虽然乡村旅游地农户与非旅游地农户的户均劳动力人数几乎相同,分别为3.29人和3.28人,但在农业的劳动力投入上,乡村旅游地农户平均每户投入1.68人,而非旅游地农户相对更多,达到1.81人。这是由于乡村旅游地农户大多兼业从事旅游经营与农业生产,甚至部分农户是主营旅游、略兼农业,因此相对非旅游地农户,其农业经营时间短,农业劳动投入少。

(二)资金投入

从表3－10看,有过借贷行为的农户比例较低,乡村旅游地农户与非旅游地农户分别为31.9%和38.5%。其中,借贷资金用于农业生产的农户比例很低,乡村旅游地农户与非旅游地农户分别仅有5.4%和6.3%,而借贷资金用于建房或购房的农户比例最高,乡村旅游地农户与非旅游地农户分别为11.4%和14.2%。此外,借贷资金用于旅游经营的乡村旅游地农户比例也有8.0%。可以看出,大部分乡村旅游地农户由于农业生产规模不大,无须较多资金投入,加上自身经济实力相对雄厚,其资金投入主要靠自筹解决,故为农业生产而借贷的情况并不多。

表3－10　农户借贷情况

借贷用途	乡村旅游地农户		非旅游地农户	
	样本数/户	百分比/%	样本数/户	百分比/%
否	479	68.1	126	61.5

续表

借贷用途	乡村旅游地农户		非旅游地农户	
	样本数/户	百分比/%	样本数/户	百分比/%
农业生产	38	5.4	13	6.3
旅游经营	56	8.0	—	—
子女教育	1214	329	1422	10.7 建房或购房
其他	29	4.1	15	7.3

数据来源:根据本课题组的问卷调查资料整理而得。

(三)投入成本

从图 3-7 看,农户农业生产投入成本主要包括租地、种子、农药、化肥、水电费、机械人工费、柴油、农膜等。其中,乡村旅游地农户与非旅游地农户种子投入的成本比例分别为 57.8% 和 54.4%;乡村旅游地农户农药投入的成本比例低于非旅游地农户,分别为 51.6% 和 69.9%,化肥投入的成本比例也低于非旅游地农户,分别为 50.0% 和 72.5%,这是由于农户生产不再追求高产,只是为了自己安全食用,更注重绿色无公害生产;乡村旅游地农户机械、人工费投入的成本比例明显高于非旅游地农户,分别是 46.2% 和 41.2%,表明乡村旅游地农户更注重通过解放劳动,腾出更多精力从事旅游经营;而水电、租地、柴油、农膜等投入的成本比例较低,乡村旅游地农户与非旅游地农户水电投入的成本比例分别为 5.6% 和 10.8%,租地投入的成本比例分别为 5.3% 和 6.4%,柴油投入的成本比例分别为 3.2% 和 5.9%,农膜投入的成本比例分别为 1.8% 和 3.4%。

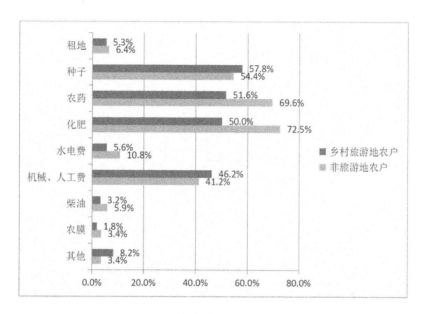

图3-7　农户农业生产成本构成

近年来,随着农资价格上涨以及人工费用等上升,乡村旅游地农户农业生产成本提高,使得农业经济效益更加偏低。以婺源县为例(见表3-11),其油菜种植成本主要包括人工费、耕地费、农药费和种子费等,平均每亩成本约为305元。其中生产投入较大的是人工费和耕地费,每亩人工成本约120元,机械耕地每亩成本约100元,两项成本比重达到72.2%。根据调查数据统计,该县平均每亩油菜产成品油约60斤,每斤价格为12元,合计每亩收入约720元,扣除生产成本305元,平均每亩收益仅有415元。

表3-11　油菜种植成本

种类	人工	机耕	农药、化肥	种子	其他	合计
成本(元/亩)	120	100	55	15	15	305
比重(%)	39.4	32.8	18.0	4.9	4.9	100

数据来源:根据本课题组的 PRA 调查资料整理而得。

三、农户土地经营行为

土地是农业生产最基本的条件,也是最重要的生产要素,农户拥有耕地数量的多少和质量的优劣制约着农户生产经营行为。乡村旅游地农户的农业生产由于受到更多的土地资源约束,其土地经营行为比非旅游地农户更加复杂和特殊,主要表现出经营规模整体更小、局部土地流转更趋集约化、撂荒现象更少等特征。

(一)土地经营规模

表 3 – 12 农户土地耕种情况 单位:户、亩

土地形式	农户类型	样本数	极大值	极小值	众数	平均值	标准差
自有耕地	乡村旅游地农户	703	14.0	0.4	3.0	3.8	2.0550
	非旅游地农户	205	20.0	0.3	5.0	4.5	2.6212
实种耕地	乡村旅游地农户	703	65.0	0.1	2.0	2.7	3.4058
	非旅游地农户	205	15.0	0.1	1.0	3.2	2.7472

数据来源:根据本课题组的问卷调查资料整理而得。

随着旅游开发的逐步推进,乡村旅游地土地利用逐渐向旅游功能转化,农业结构也随之发生调整,农户土地经营规模必然缩小。据统计数据显示(见表 3 – 12),乡村旅游地农户自有耕地面积户均 3.8 亩,比非旅游地农户少 0.7 亩;实际耕种面积户均 2.7 亩,也比非旅游地农户少 0.5 亩。按照人均耕地面积计算,乡村旅游地农户土地经营规模就显得更小,人均自有耕地面积和实际耕种面积分别仅有 0.7 亩和 0.5 亩,均比非旅游地农户少 0.1 亩。仅此可见,乡村旅游地存在更明显的土地细碎化问题,必然影响当地农户土地流转以及扩大生产的积极性。

（二）土地流转

由表 3 - 13 显示，乡村旅游地农户的土地流转①参与率达到 51.3%，其中有 48.1%（338 户）的农户转出了土地，仅有 3.2%（23 户）的农户转入土地，转出土地的农户要远远大于转入土地的农户；而非旅游地农户的土地流转参与率仅有 33.2%，其中有 25.9%（53 户）的农户转出了土地，有 7.3%（15 户）的农户转入了土地。

表 3 - 13　土地流转形态的农户数量及分布

流转形态	乡村旅游地农户		非旅游地农户	
	样本数/户	百分比/%	样本数/户	百分比/%
转出	338	48.1	53	25.9
转入	23	3.2	15	7.3
未流转	342	48.7	137	66.8

数据来源：根据本课题组的问卷调查资料整理而得。

又如表 3 - 14 所示，乡村旅游地农户的户均土地转入面积远远大于转出面积，分别为 8.5 亩和 2.0 亩，说明乡村旅游地多数的土地正在转入到少数人手中，例如景德镇乡村旅游地内瑶村就出现了转入 64 亩土地的种田大户姚某（见案例 RY06）；而非旅游地农户的户均土地转入面积与转出面积则相差更小，分别为 3.3 亩和 2.2 亩。以上统计数据表明，乡村旅游地土地细碎化程度在降低，局部集约化程度逐步提高，旅游开发对农户土地资源起到了再分配的作用。

---

① 本课题中的土地流转是指土地使用权流转，即农户将自己所拥有土地经营权（使用权）转让给他人或组织，只保留土地承包权。

表3-14　农户土地流转情况　　　　　　　　　单位:户、亩

流转形态	农户类型	极大值	极小值	众数	平均值	标准差
转出	乡村旅游地农户	10.0	0.3	1.0	2.0	1.3325
	非旅游地农户	10.0	0.2	1.0	2.2	1.8599
转入	乡村旅游地农户	64.0	1.0	2.0	8.5	14.0579
	非旅游地农户	8.0	1.0	3.0	3.3	1.8094

数据来源:根据本课题组的问卷调查资料整理而得。

案例 RY06:姚某,男,43 岁,高中文化,全家共有7人(包括妻子、父母和3个孩子),劳动力2人,自有耕地2亩。高中毕业后,曾先后在上海、深圳打工,干过建筑、制鞋、文员等工作。为了就近照顾家庭,2003 年回到瑶里镇,与妻子开了一家杂货店,起初生意比较红火,自 2010 年后生意开始逐渐惨淡。为了谋求新的生计出路,2014 年姚某毅然关停店铺,从村民手中转入耕地 64 亩,开始从事规模化农业生产。仅 2015 年,种植水稻 60 亩,经营茶叶 5 亩、油茶树 60 亩,年收入达到 20 余万元。为了适应旅游发展的需要,姚某打算今后扩大茶叶生产规模,并引入特色果蔬进行种植。

(三)土地撂荒现象

近年来,随着工业化和城镇化步伐的加快,越来越多的农户弃耕务工,以致农村出现严重的土地撂荒潮。仅从样本统计来看(见表 3-15),在调查的 205 户非旅游地农户中,就有 103 户农户存在撂荒现象,占总样本的 50.2%,户均撂荒面积 1.7 亩。而在乡村旅游地,由于旅游发展吸纳了不少劳动力留在本地,加上较高的旅游收益弱化了农户从事农业生产的经济理性,农户撂荒的现象明显更少。在调查的 703 户旅游地农户中,存在撂荒现象的农户有 203 户,占总样本的 28.9%,户均撂荒面积 1.3 亩。

表 3 - 15　农户土地撂荒情况　　　　　　单位:户、亩

农户类型	样本数	极大值	极小值	众数	平均值	标准差
乡村旅游地农户	203	5.0	0.2	1.0	1.3	0.8300
非旅游地农户	103	7.0	0.1	1.0	1.7	1.1857

数据来源:根据本课题组的问卷调查资料整理而得。

四、农户技术采纳行为

(一)农户对技术培训的看法

从表 3 - 16 看,参加农业技术培训的乡村旅游地农户与非旅游地农户均较少,分别仅有 17.8% 和 11.2%,说明当前农业技术在农村基层的推广力度仍然不够。

表 3 - 16　农户参加技术培训情况

是否参加过	乡村旅游地农户		非旅游地农户	
	样本数/户	百分比/%	样本数/户	百分比/%
否	578	82.2	182	88.8
是	125	17.8	23	11.2

数据来源:根据本课题组的问卷调查资料整理而得。

对于农业技术培训的看法(见表 3 - 17),分别有 30.8% 的乡村旅游地农户和 30.2% 的非旅游地农户认为"非常必要";认为"用不着,已有的知识技能就够用"的分别有 22.4% 和 17.6%;认为"想学习,但没机会"的分别有 28.8% 和 45.4%;认为"有用,能够解决一些现实问题"的分别有 26.8% 和 29.3%;认为"没有用"的分别有 12.3% 和 13.7%。以上数据表明,乡村旅游地农户对农业技术的需求和渴望不如非旅游地农户那样强烈。

表 3 – 17　农户对技术培训的看法

看法	乡村旅游地农户		非旅游地农户	
	样本数/户	百分比/%	样本数/户	百分比/%
非常必要	211	30.8	62	30.2
用不着,已有的知识技能就够用	153	22.4	36	17.6
想学习,但没机会	197	28.8	93	45.4
有用,能够解决一些现实问题	183	26.8	60	29.3
没有用	84	12.3	28	13.7

数据来源:根据本课题组的问卷调查资料整理而得。

(二)农户采纳新技术的意愿

总体来看(见表 3 – 18),乡村旅游地农户对于农业新技术的采纳比较谨慎和保守,从众心理较强,但相对非旅游地农户要显得积极。有 57.5%的乡村旅游地农户和 72.7%的非旅游地农户是"看别人用后效果,再使用",而愿意"马上采用"的乡村旅游地农户和非旅游地农户分别仅有 25.2%和 20.5%,坚持"不采用"的乡村旅游地农户和非旅游地农户均较少,分别仅有 17.3%和 6.8%。

表 3 – 18　农户采纳新技术的意愿

采纳意愿	乡村旅游地农户		非旅游地农户	
	样本数/户	百分比/%	样本数/户	百分比/%
马上采用	176	25.2	42	20.5
看别人用后效果,再使用	402	57.5	149	72.7
不采用	121	17.3	14	6.8

数据来源:根据本课题组的问卷调查资料整理而得。

(三)农户解决农业技术问题的途径

调查数据表明(见表 3 – 19),当生产过程中遇到技术问题时,乡村旅游地农户和非旅游地农户均选择最多的途径是"请教有经验的村民"，分别有47.0%和63.7%；通过"自己解决"的农户也较多，分别有44.1%和33.3%；选择"咨询农资销售人员"的农户分别有18.4%和18.1%；选择"听天由命"的农户，也分别有11.4%和2.5%；而选择"找当地农技员"途径的农户分别仅有17.1%和26.5%，说明农技推广机构及相关人员并没有充分发挥本应有的农技服务作用。

表3-19　农户解决技术问题的途径

解决途径	乡村旅游地农户		非旅游地农户	
	样本数/户	百分比/%	样本数/户	百分比/%
咨询农资销售人员	127	18.4	37	18.1
找当地农技员	118	17.1	54	26.5
请教有经验的村民	324	47.0	130	63.7
自己解决	304	44.1	68	33.3
听天由命	79	11.4	5	2.5
其他	15	2.2	5	2.5

数据来源：根据本课题组的问卷调查资料整理而得。

本章小结

本章通过与非旅游地农户进行比较，从农户家庭特征、农户认知特征、农户生产意愿以及农户生产经营行为等方面，分析乡村旅游地农户农业生产行为的总体特征。研究表明，乡村旅游地农户与非旅游地农户相比，虽然家庭人口及劳动力状况、政策认知特征、技术采纳行为等均较为类似，但户主特征、家庭收入状况、生产意愿、品种选择行为、生产投入行为、土地经营行为等均存在差异，从而决定农业生产行为总体特征呈现显著差异。

相对非旅游地农户而言，乡村旅游地农户农业生产意愿更积极，但是较高的旅游收益弱化了他们从事农业生产的经济理性，因而其主导动机并不是获利增收，主要围绕的是满足家庭生活需要的"菜篮子"和"米袋子"，基本不做经济收入的来源。他们选择种养品种比较单一，规模较小，为了迎合旅游发展需要,他们非常注重对种养品种进行筛选和组合,减少或放弃畜禽饲养,支持景观作物种植,形成农事季节与旅游季节错峰的轮作模式,从而实现了农业与旅游的有机融合;他们经营土地规模整体缩小,但土地细碎化程度在降低,局部土地流转更趋集约化;他们不追求高产,劳动力投入更少,对农业技术投入也更谨慎和保守;为了保障家庭食品安全,他们选择绿色无公害生产,而更少施用化肥农药;为了保护旅游生态环境,他们支持退耕还林、退牧还草、退田还湖等政策举措,由此撂荒的土地比例也较高。

总体而言,大部分乡村旅游地农户从事农业生产并不是主要出于获利增收的经济理性,因此更少考虑资金、成本、产量、技术以及销售渠道等经济因素,而主要依据自家生活需要、劳动力禀赋以及旅游环境等做出有限选择,具有明显的生活理性和生态理性。

第四章 乡村旅游地农户农业生产行为的类型特征分析

本章通过对成长型乡村旅游地农户(简称成长地农户,下同)与成熟型乡村旅游地农户(简称成熟地农户,下同)、景区型乡村旅游地农户(简称景区农户,下同)与景郊型乡村旅游地农户(简称景郊农户,下同)以及旅游农户与非旅游农户进行比较分析,了解不同类型特征的乡村旅游地农户农业生产行为差异,从中总结和梳理乡村旅游地农户农业生产行为的类型特征。

第一节 乡村旅游地农户农业生产行为的阶段类型特征

一、成长地农户与成熟地农户的生产选择行为

(一)生产意愿

从表4-1看,成长地农户与成熟地农户的农业生产意愿处于"愿意"状态的分别有252户和216户,占各自样本的63.3%和70.8%。其中,选择"不变"的农户分别有185户和179户,占各自样本的46.5%和58.7%;选择"扩大"的农户分别有67户和37户,占各自样本的16.8%和12.1%。

成长地农户与成熟地农户的农业生产意愿处于"不愿意"状态的分别

有146户和89户,占各自样本的36.7%和29.2%。其中,选择"减少"的农户分别有76户和53户,占各自样本的19.1%和17.4%;选择"放弃"的农户分别有70户和36户,占各自样本的17.6%和11.8%。

表4-1　成长地农户与成熟地农户的生产意愿

生产意愿	成长地农户		成熟地农户	
	样本数/户	百分比/%	样本数/户	百分比/%
放弃	70	17.6	36	11.8
减少	76	19.1	53	17.4
不变	185	46.5	179	58.7
扩大	67	16.8	37	12.1

数据来源:根据本课题组的问卷调查资料整理而得。

(二)成长地农户与成熟地农户的生产决策因素

从图4-1看,在农业生产决策过程中,成长地农户对资金、产量、生产成本、政策导向、合同订单或订购任务等因素的考虑相对成熟地农户更多。其中,考虑资金因素的农户分别占各自样本总数的22.5%和14.5%;考虑产量因素的农户分别占各自样本的18.9%和7.9%;考虑生产成本因素的农户分别占各自样本的15.4%和14.5%;考虑政策导向因素的农户分别占各自样本的6.3%和3.3%;考虑合同订单或订购任务因素的农户分别占各自样本的3.8%和1.0%。

而成熟地农户与成长地农户相比,由于当地旅游开发更成熟,更易受到旅游环境的约束以及旅游收益的比较,因而在农业生产决策过程中对自家需要、土地、劳动力、旅游发展等因素的考虑更多。其中,考虑自家需要因素的农户分别占各自样本的58.2%和42.2%;考虑土地因素的农户分别占各自样本的38.8%和27.0%;考虑劳动力因素的农户分别占各自样本的45.7%和31.6%;考虑旅游发展因素的农户分别占各自样本的24.7%和12.6%。

除了以上因素外,成长地农户与成熟地农户对其他因素的决策考虑非常接近。其中,考虑天气因素的农户分别占各自样本的 32.1% 和 32.9%；考虑技术因素的农户分别占各自样本的 17.4% 和 17.8%；考虑销售渠道因素的农户分别占各自样本的 8.3% 和 7.9%；考虑往年生产习惯因素的农户分别占各自样本的 19.2% 和 19.4%；随大流的农户分别占各自样本的 3.3% 和 3.6%。

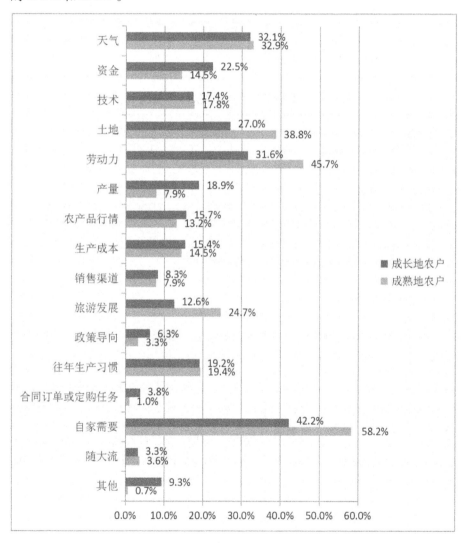

图 4-1　成长地农户与成熟地农户的生产决策因素

二、成长地农户与成熟地农户的生产投入行为

(一)劳动力投入

从统计数据看(见表4-2),成长地农户与成熟地农户的户均劳动力人数几乎相同,分别为3.30人和3.28人,在农业劳动力的投入上也比较接近,分别为1.70人和1.66人;但在旅游劳动力的投入上,成熟地农户明显高于成长地农户,分别为1.72人和1.51人。

表4-2　成长地农户与成熟地农户劳动力状况　　　　单位:人

调查项目	成长地农户		成熟地农户	
	均值	标准差	均值	标准差
家庭劳动力	3.30	1.44	3.28	1.37
农业劳动力	1.70	0.71	1.66	0.75
旅游劳动力	1.51	0.58	1.72	0.68

数据来源:根据本课题组的问卷调查资料整理而得。

(二)资金投入

从表4-3看,成长地农户与成熟地农户的借贷比例均较低,分别为25.6%和25.2%。其中,借贷资金用于农业生产的成长地农户比例高于成熟地农户,分别为7.8%和2.3%;借贷资金用于建房或购房的成长地农户比例高于成熟地农户,分别为13.6%和8.5%;而借贷资金用于旅游经营的成长地农户比例则低于成熟地农户,分别为6.8%和9.5%。此外,成长地农户和成熟地农户借贷资金用于子女教育的比例较少,分别为2.3%和3.9%。

表 4-3 成长地农户与成熟地农户的借贷情况

借贷用途	成长地农户		成熟地农户	
	样本数/户	百分比/%	样本数/户	百分比/%
否	296	74.4	228	74.8
农业生产	31	7.8	7	2.3
旅游经营	27	6.8	29	9.5
子女教育	9	2.3	12	3.9
建房或购房	54	13.6	26	8.5
其他	20	5.0	9	3.0

数据来源:根据本课题组的问卷调查资料整理而得。

(三)投入成本

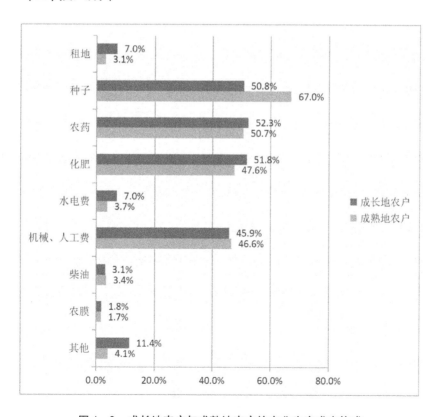

图 4-2 成长地农户与成熟地农户的农业生产成本构成

从图4-2看,农户农业生产投入成本主要包括租地、种子、农药、化肥水电费、机械人工费、柴油、农膜等。其中,成熟地农户种子投入的成本比例高于成长地农户,分别为67.0%和50.8%;成长地农户农药投入的成本比例略高于成熟地农户,分别为52.3%和50.7%,化肥投入的成本比例也高于成熟地农户,分别为51.8%和47.6%;成熟地农户机械、人工费投入的成本比例略高于成长地农户,分别是46.6%和45.9%;而水电、租地、柴油、农膜等投入的成本比例较低,成长地农户与成熟地农户水电投入的成本比例分别为7.0%和3.7%,租地投入的成本比例分别为7.0%和3.1%,柴油投入的成本比例分别为3.1%和3.4%,农膜投入的成本比例分别为1.8%和1.7%。

三、成长地农户与成熟地农户的土地经营行为

(一)土地经营规模

由于乡村旅游地所处的开发阶段不同,土地利用的旅游化程度也就不同,反映在农户土地经营规模上也存在一定的差异。据统计数据显示(见表4-4),成熟地农户自有耕地面积户均3.7亩,比成长地农户少0.2亩;实际耕种面积户均2.5亩,也比成长地农户少0.3亩。按照人均耕地面积计算,成长地农户和成熟地农户土地经营规模均显得很小,其中成长地农户人均自有耕地面积和实际耕种面积分别仅有0.75亩和0.54亩,成熟地农户人均自有耕地面积和实际耕种面积分别仅有0.71亩和0.48亩。

表4-4 成长地农户与成熟地农户的土地耕种情况　　　　单位:户、亩

土地形式	农户类型	样本数	极大值	极小值	众数	平均值	标准差
自有耕地	成长地农户	398	14.0	0.4	3.0	3.9	2.1875
	成熟地农户	305	11.5	0.5	3.0	3.7	1.8670
实种耕地	成长地农户	412	65.0	0.1	2.0	2.8	3.7498
	成熟地农户	291	40.0	0.2	2.0	2.5	2.8938

数据来源:根据本课题组的问卷调查资料整理而得。

(二)土地流转

由表4-5显示,成长地农户与成熟地农户的土地流转参与率非常高,分别达到48.5%和55.1%。其中分别有45.5%(181户)和51.5%(157户)的农户转出了土地,仅有3.0%(12户)和3.6%(11户)的农户转入土地,转出土地的农户要远远大于转入土地的农户。

表4-5　成长地农户与成熟地农户土地流转形态分布

流转形态	成长地农户		成熟地农户	
	样本数/户	百分比/%	样本数/户	百分比/%
转出	181	45.5	157	51.5
转入	12	3.0	11	3.6
未流转	205	51.5	137	44.9

数据来源:根据本课题组的问卷调查资料整理而得。

又如表4-6所示,成长地农户和成熟地农户的户均土地转入面积均远远大于转出面积,其中成长地农户的户均土地转入面积高于成熟地农户,分别为8.8亩和8.2亩,而转出面积则略低于成熟地农户,分别为2.0亩和2.1亩。

表4-6　成长地农户与成熟地农户的土地流转情况 　单位:户、亩

流转形态	农户类型	极大值	极小值	众数	平均值	标准差
转出	成长地农户	8.0	0.3	1.0	2.0	1.2885
	成熟地农户	10.0	0.5	1.0	2.1	1.3846
转入	成长地农户	64.0	1.0	2.0	8.8	17.5076
	成熟地农户	36.0	1.0	2.0	8.2	9.8673

数据来源:根据本课题组的问卷调查资料整理而得。

(三)土地撂荒现象

从统计数据来看(见表4-7),成长地农户土地撂荒的比例明显高于

成熟地农户,在调查的 398 户成长地农户中,存在撂荒现象的农户有 132户,占总样本的 33.2%,而在调查的 305 户成熟地农户中,仅有 71 户农户存在撂荒现象,占总样本的 23.3%;但在户均撂荒面积上,成熟地农户略高于成长地农户,分别为 1.4 亩和 1.2 亩。

表 4-7　成长地农户与成熟地农户的土地撂荒情况　　　单位:户、亩

农户类型	样本数	极大值	极小值	众数	平均值	标准差
成长地农户	132	3.0	0.2	1.0	1.2	0.7849
成熟地农户	71	5.0	0.2	1.0	1.4	0.9027

数据来源:根据本课题组的问卷调查资料整理而得。

四、成长地农户与成熟地农户的技术采纳行为

(一)农户对技术培训的看法

从表 4-8 看,参加农业技术培训的成长地农户与成熟地农户均较少,分别仅有 18.3% 和 17.0%。但对技术培训的看法(见表 4-9)总体比较积极,分别有 26.3% 的成长地农户和 36.9% 的成熟地农户认为"非常必要";认为"用不着,已有的知识技能就够用"的分别有 24.6% 和 19.5%;认为"想学习,但没机会"的分别有 28.1% 和 29.7%;认为"有用,能够解决一些现实问题"的分别有 26.3% 和 27.3%;认为"没有用"的分别有 13.3%和 10.9%。

表 4-8　成长地农户与成熟地农户参加技术培训情况

是否参加过	成长地农户		成熟地农户	
	样本数/户	百分比/%	样本数/户	百分比/%
否	325	81.7	253	83.0
是	73	18.3	52	17.0

数据来源:根据本课题组的问卷调查资料整理而得。

表4-9　成长地农户与成熟地农户对技术培训的看法

看法	成长地农户		成熟地农户	
	样本数/户	百分比/%	样本数/户	百分比/%
非常必要	103	26.3	108	36.9
用不着,已有的知识技能就够用	96	24.6	57	19.5
想学习,但没机会	110	28.1	87	29.7
有用,能够解决一些现实问题	103	26.3	80	27.3
没有用	52	13.3	32	10.9

数据来源:根据本课题组的问卷调查资料整理而得。

(二)农户采纳新技术的意愿

从表4-10看,成长地农户和成熟地农户在采纳新技术方面存在明显的从众心理,有57.5%的成长地农户和57.4%的成熟地农户是"看别人用后效果,再使用";而愿意"马上采用"的成长地农户和成熟地农户分别仅有21.9%和29.2%;坚持"不采用"的成长地农户和成熟地农户分别仅有20.6%和13.4%。

表4-10　成长地农户与成熟地农户采纳新技术的意愿

采纳意愿	成长地农户		成熟地农户	
	样本数/户	百分比/%	样本数/户	百分比/%
马上采用	87	21.9	89	29.2
看别人用后效果,再使用	229	57.5	175	57.4
不采用	82	20.6	41	13.4

数据来源:根据本课题组的问卷调查资料整理而得。

(三)农户解决农业技术问题的途径

调查数据表明(见表4-11),当生产过程中遇到技术问题时,成长地农户和成熟地农户均选择最多的途径是"请教有经验的村民",分别有47.2%和46.6%;通过"自己解决"的农户也较多,分别有43.2%和45.2%;选择"咨询农资销售人员"的农户分别有19.2%和17.3%;选择"听天由命"的农户,也分别有10.1%和13.3%;而选择"找当地农技员"途径的农户分别仅有18.4%和15.3%。可见,相对成长地农户,成熟地农户在实际解决农业技术问题时更倾向于自我解决。

表4-11 成长地农户与成熟地农户解决技术问题的途径

解决途径	成长地农户		成熟地农户	
	样本数/户	百分比/%	样本数/户	百分比/%
咨询农资销售人员	76	19.2	51	17.3
找当地农技员	73	18.4	45	15.3
请教有经验的村民	187	47.2	137	46.6
自己解决	171	43.2	133	45.2
听天由命	40	10.1	39	13.3
其他	12	3.0	3	1.0

数据来源:根据本课题组的问卷调查资料整理而得。

第二节 乡村旅游地农户农业生产行为的空间类型特征

一、景郊农户与景区农户的生产选择行为

(一)生产意愿

从表4-12看,景郊农户与景区农户的农业生产意愿处于"愿意"状态的分别有179户和289户,占各自样本的61.5%和70.1%。其中,选择"不变"的农户分别有118户和246户,占各自样本的40.5%和59.7%;选择"扩大"的农户分别有61户和43户,占各自样本的21.0%和10.4%。

景郊农户与景区农户的农业生产意愿处于"不愿意"状态的分别有

112 户和 123 户,占各自样本的 38.5% 和 29.9%。其中,选择"减少"的农户分别有 62 户和 67 户,占各自样本的 21.3% 和 16.3%;选择"放弃"的农户分别有 50 户和 56 户,占各自样本的 17.2% 和 13.6%。

表 4 – 12　景郊农户与景区农户的生产意愿

生产意愿	景郊农户		景区农户	
	样本数/户	百分比/%	样本数/户	百分比/%
放弃	50	17.2	56	13.6
减少	62	21.3	67	16.3
不变	118	40.5	246	59.7
扩大	61	21.0	43	10.4

数据来源:根据本课题组的问卷调查资料整理而得。

(二)景郊农户与景区农户的生产决策因素

从图 4 – 3 看,在农业生产决策过程中,景郊农户对资金、产量、农产品行情、生产成本、政策导向、随大流等因素的考虑相对景区农户要多。其中,考虑资金因素的农户分别占各自样本的 22.8% 和 16.3%;考虑产量因素的农户分别占各自样本的 14.9% 和 13.6%;考虑农产品行情因素的农户分别占各自样本的 16.3% 和 13.4%;考虑生产成本因素的农户分别占各自样本的 24.6% 和 8.3%;考虑政策导向因素的农户分别占各自样本的 6.9% 和 3.6%;考虑随大流因素的农户分别占各自样本的 5.2% 和 2.2%。

而景区农户位处旅游核心区域,其农业生产活动更易受到旅游环境的约束,加上旅游收益的比较,因而在农业生产决策过程中对天气、劳动力、往年生产习惯、自家需要、旅游发展等因素的考虑比景郊农户更多。其中,考虑天气因素的农户分别占各自样本的 33.1% 和 31.5%;考虑劳动力因素的农户分别占各自样本的 40.4% 和 33.9%;考虑往年生产习惯因素的农户分别占各自样本的 15.2% 和 22.1%;考虑自家需要因素的农户分别占各自样本的 49.9% 和 48.1%;考虑旅游发展因素的农户分别占各自样本的 18.7% 和 16.6%。

除了以上因素外,景郊农户与景区农户对其他因素的决策考虑非常接近。其中,考虑土地因素的农户分别占各自样本的 32.5% 和 31.9%;考虑技术因素的农户分别占各自样本的 17.8% 和 17.3%;考虑销售渠道因素的农户分别占各自样本的 8.7% 和 7.8%;考虑订单及订购任务因素的农户分别占各自样本的 31.9% 和 32.5%。

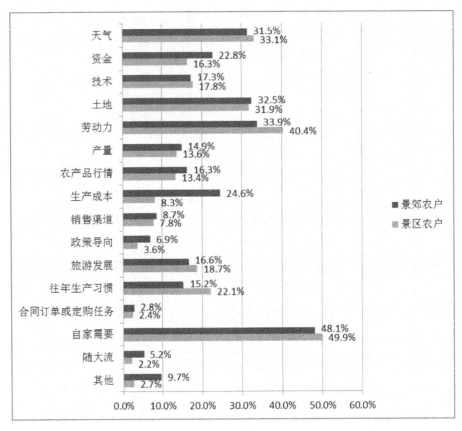

图4-3 景郊农户与景区农户的生产决策因素

二、景郊农户与景区农户的生产投入行为

(一)劳动力投入

从统计数据看(见表4-13),景郊农户与景区农户的户均劳动力人数

几乎相同,分别为3.22人和3.34人;但在农业劳动力的投入上,景郊农户略高于景区农户,分别为1.75人和1.63人;在旅游劳动力的投入上,景区农户明显高于景郊农户,分别为1.73人和1.50人。

表4-13　景郊农户与景区农户劳动力状况　　　　　　　单位:人

调查项目	景郊农户		景区农户	
	均值	标准差	均值	标准差
家庭劳动力	3.22	1.12	3.34	1.58
农户劳动力	1.75	0.77	1.63	0.69
旅游劳动力	1.50	0.67	1.73	0.59

数据来源:根据本课题组的问卷调查资料整理而得。

(二)资金投入

从表4-14看,景郊农户与景区农户的借贷比例均较低,分别为25.4%和25.5%。其中,借贷资金用于农业生产的景郊农户比例高于景区农户,分别为6.5%和4.6%;借贷资金用于建房或购房的景郊农户比例高于景区农户,分别为14.4%和9.2%;而借贷资金用于旅游经营的景郊农户比例则低于景区农户,分别为6.9%和8.7%。此外,景郊农户和景区农户借贷资金用于子女教育的比例较少,分别为2.4%和3.4%。

表4-14　景郊农户与景区农户的借贷情况

借贷用途	景郊农户		景区农户	
	样本数/户	百分比/%	样本数/户	百分比/%
否	217	74.6	307	74.5
农业生产	19	6.5	19	4.6
旅游经营	20	6.9	36	8.7
子女教育	7	2.4	14	3.4
建房或购房	42	14.4	38	9.2
其他	17	5.8	12	2.9

数据来源:根据本课题组的问卷调查资料整理而得。

（三）投入成本

从图4-4看,农户农业生产投入成本主要包括租地、种子、农药、化肥、水电费、机械人工费、柴油、农膜等。其中,景郊农户种子投入的成本比例高于景区农户,分别为58.4%和57.0%;景郊农户农药投入的成本比例与景区农户相当,均为51.6%;化肥投入的成本比例高于景区农户,分别为51.1%和48.4%;景郊农户机械、人工费投入的成本比例高于景区农户,分别是46.6%和45.5%;而水电、租地、柴油、农膜等投入的成本比例较低,景郊农户与景区农户水电投入的成本比例分别为7.0%和3.9%,租地投入的成本比例分别为2.2%和9.7%,柴油投入的成本比例分别为2.7%和3.9%,农膜投入的成本比例分别为2.0%和1.4%。

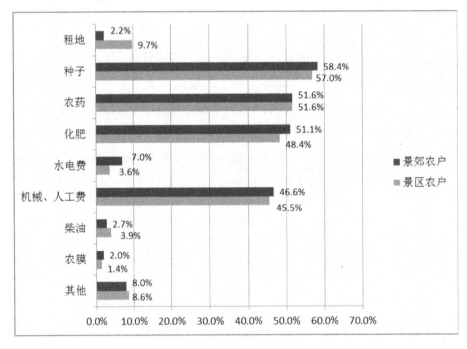

图4-4 景郊农户与景区农户的农业生产成本构成

三、景郊农户与景区农户的土地经营行为

(一)土地经营规模

表 4 – 15　景郊农户与景区农户的土地耕种情况　　　单位:户、亩

土地形式	农户类型	样本数	极大值	极小值	众数	平均值	标准差
自有耕地	景郊农户	291	13.0	0.5	3.0	4.0	2.0747
	景区农户	412	14.0	0.4	3.0	3.7	2.0380
实际耕种	景郊农户	291	65.0	0.1	1.0	2.9	4.7276
	景区农户	412	16.0	0.2	2.0	2.6	2.0048

数据来源:根据本课题组的问卷调查资料整理而得。

统计数据显示(见表 4 – 15),景区农户的户均自有耕地面积及户均实际耕种面积均少于景郊农户,其中户均自有耕地面积分别为 3.7 亩和 4.0亩,户均实际耕种面积分别为 2.6 亩和 2.9 亩。按照人均耕地面积计算,景区农户和景郊农户土地经营规模均显得很小,其中景区农户人均自有耕地面积和实际耕种面积分别仅有 0.70 亩和 0.50 亩,景郊农户人均自有耕地面积和实际耕种面积分别仅有 0.77 亩和 0.56 亩。

(二)土地流转

由表 4 – 16 显示,景区农户与景郊农户的土地流转参与率非常高,分别达到 50.8% 和 52.2%,其中分别有 47.6%(196 户)和 48.8%(142 户)的农户转出了土地,仅有 3.2%(13 户)和 3.4%(10 户)的农户转入土地,转出土地的农户要远远大于转入土地的农户。

表 4 – 16　景郊农户与景区农户土地流转形态分布

流转形态	景郊农户		景区农户	
	样本数/户	百分比/%	样本数/户	百分比/%
转出	142	48.8	196	47.6
转入	10	3.4	13	3.2
未流转	139	47.8	203	49.2

数据来源:根据本课题组的问卷调查资料整理而得。

又如表 4 – 17 所示,景郊农户的户均土地转出面积与景区农户相同,均为 2.0 亩,而转入面积则远远高于景区农户,分别为 14.6 亩和 3.8 亩。而且景郊农户的户均土地转入面积大大高于转出面积,而景区农户的户均土地转出面积与转入面积则相差更小。

表 4 – 17　景郊农户与景区农户的土地流转情况　　　　　单位:户、亩

流转形态	农户类型	极大值	极小值	众数	平均值	标准差
转出	景郊农户	8.0	0.3	1.0	2.0	1.2318
	景区农户	10.0	0.3	1.0	2.0	1.4040
转入	景郊农户	64.0	2.0	3.0	14.6	20.0621
	景区农户	8.0	1.0	2.0	3.8	2.4443

数据来源:根据本课题组的问卷调查资料整理而得。

(三)土地撂荒现象

从统计数据来看(见表 4 – 18),景郊农户土地撂荒的比例明显高于景区农户,在调查的 291 户景郊农户中,存在撂荒现象的农户有 120 户,占总样本的 41.2%,而在调查的 412 户景区农户中,仅有 83 户农户存在撂荒现象,占总样本的 20.1%;在户均撂荒面积上,景郊农户也略高于景区农户,分别为 1.4 亩和 1.1 亩。

表4－18 景郊农户与景区农户的土地撂荒情况 单位:户、亩

农户类型	样本数	极大值	极小值	众数	平均值	标准差
景郊农户	120	5.0	0.2	1.0	1.4	0.9186
景区农户	83	3.0	0.2	1.0	1.1	0.6421

数据来源:根据本课题组的问卷调查资料整理而得。

四、景郊农户与景区农户的技术采纳行为

(一)农户对技术培训的看法

从表4－19看,参加农业技术培训的景郊农户与景区农户均较少,分别仅有16.5%和18.7%。但对技术培训的看法(见表4－20)总体比较积极,分别有31.5%的景郊农户和30.4%的景区农户认为"非常必要";认为"用不着,已有的知识技能就够用"的分别有23.4%和21.6%;认为"想学习,但没机会"的分别有29.7%和28.1%;认为"有用,能够解决一些现实问题"的分别有25.2%和27.9%;认为"没有用"的分别有14.3%和10.8%。

表4－19 景郊农户与景区农户参加技术培训情况

是否参加过	景郊农户		景区农户	
	样本数/户	百分比/%	样本数/户	百分比/%
否	243	83.5	335	81.3
是	48	16.5	77	18.7

数据来源:根据本课题组的问卷调查资料整理而得。

表4-20　景郊农户与景区农户对技术培训的看法

看法	景郊农户		景区农户	
	样本数/户	百分比/%	样本数/户	百分比/%
非常必要	90	31.5	121	30.4
用不着,已有的知识技能就够用	67	23.4	86	21.6
想学习,但没机会	85	29.7	112	28.1
有用,能够解决一些现实问题	72	25.2	111	27.9
没有用	41	14.3	43	10.8

数据来源:根据本课题组的问卷调查资料整理而得。

(二)农户采纳新技术的意愿

总体来看(见表4-21),景郊农户和景区农户对于农业新技术的采纳普遍存在从众心理,有58.1%的景郊农户和57.5%的景区农户是"看别人用后效果,再使用";而愿意"马上采用"的景郊农户和景区农户分别仅有23.0%和26.5%;坚持"不采用"的景郊农户和景区农户均较少,分别仅有18.9%和16.0%。

表4-21　景郊农户与景区农户采纳新技术的意愿

采纳意愿	景郊农户		景区农户	
	样本数/户	百分比/%	样本数/户	百分比/%
马上采用	67	23.0	109	26.5
看别人用后效果,再使用	169	58.1	237	57.5
不采用	55	18.9	66	16.0

数据来源:根据本课题组的问卷调查资料整理而得。

(三)农户解决农业技术问题的途径

调查数据表明(见表4-22),当生产过程中遇到技术问题时,景郊农户选择最多的途径是"请教有经验的村民",有 55.4%;而景区农户选择最多的途径通过"自己解决",有 44.8%。在其他解决途径的选择上,景郊农户均高于景区农户,可见景郊农户遇到农业问题更倾向于积极解决,其中选择"咨询农资销售人员"的农户分别有 22.3% 和 15.6%,选择"找当地农技员"途径的农户分别仅有 22.3% 和 13.4%,而选择"听天由命"的农户分别有 6.6% 和 14.9%。

表 4-22 景郊农户与景区农户解决技术问题的途径

解决途径	景郊农户		景区农户	
	样本数/户	百分比/%	样本数/户	百分比/%
咨询农资销售人员	64	22.3	63	15.6
找当地农技员	64	22.3	54	13.4
请教有经验的村民	159	55.4	165	40.8
自己解决	123	42.9	181	44.8
听天由命	19	6.6	60	14.9
其他	10	3.5	5	1.2

数据来源:根据本课题组的问卷调查资料整理而得。

第三节 乡村旅游地农户农业生产行为的农户类型特征

一、旅游农户与非旅游农户的生产选择行为

(一)生产意愿

从表 4-23 看,旅游农户与非旅游农户的农业生产意愿处于"愿意"状态的分别有 315 户和 153 户,占各自样本的 67.8% 和 64%。其中,选择"不变"的农户分别有 267 户和 97 户,占各自样本的 57.5% 和 40.6%;选择"扩大"的农户分别有 48 户和 56 户,占各自样本的 10.3% 和 23.4%。

表4-23　旅游农户与非旅游农户的生产意愿

生产意愿	旅游农户		非旅游农户	
	样本数/户	百分比/%	样本数/户	百分比/%
放弃	33	7.1	73	30.5
减少	116	25.0	13	5.4
不变	267	57.5	97	40.6
扩大	48	10.3	56	23.4

数据来源：根据本课题组的问卷调查资料整理而得。

旅游农户与非旅游农户的农业生产意愿处于"不愿意"状态的分别有149户和86户，占各自样本的32.1%和35.9%。其中，选择"减少"的农户分别有116户和13户，占各自样本的25.0%和5.4%；选择"放弃"的农户分别有33户和73户，占各自样本的7.1%和30.5%。

（二）旅游农户与非旅游农户的生产决策因素

从图4-5看，在农业生产决策过程中，旅游农户对土地、生产成本、旅游发展、往年生产习惯、自家需要、随大流等因素的考虑比非旅游农户多。其中，考虑土地因素的农户分别占各自样本的35.4%和25.9%；考虑生产成本的农户分别占各自样本的17.4%和10.5%；考虑旅游发展因素的农户分别占各自样本的23.4%和18.0%；考虑往年生产习惯因素的农户分别占各自样本的20.0%和18.0%；考虑自家需要因素的农户分别占各自样本的53.4%和41.0%；考虑随大流因素的农户分别占各自样本的3.9%和2.5%。

而非旅游农户与旅游农户相比，由于旅游业并不是家庭的主导产业，在农业生产决策过程中更关注生产效益，因而对天气、技术、劳动力、产量、销售渠道、政策导向、合同订单或订购任务等因素的考虑更多。其中，考虑天气因素的农户分别占各自样本的35.5%和30.8%；考虑技术因素的农户分别占各自样本的18.4%和17.1%；考虑劳动力因素的农户分别占各自样本的38.9%和37.1%；考虑产量因素的农户分别占各自样本的

17.2%和12.6%；考虑销售渠道因素的农户分别占各自样本的8.8%和
7.8%；考虑政策导向因素的农户分别占各自样本的5.9%和4.6%；考虑
合同订单或订购任务因素的农户分别占各自样本的3.3%和2.2%。

除了以上因素外，旅游农户与非旅游农户对其他因素的决策考虑非常
接近。其中，考虑资金因素的农户分别占各自样本的19.1%和18.8%；考
虑农产品行情因素的农户分别占各自样本的14.8%和14.2%。

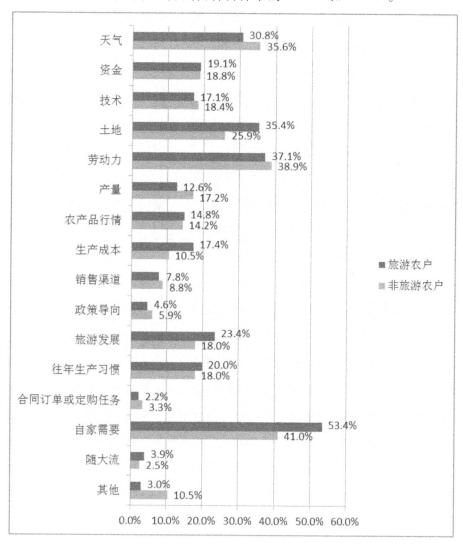

图4-5 旅游农户与非旅游农户的生产决策因素

二、旅游农户与非旅游农户的生产投入行为

(一)劳动力投入

从统计数据看(见表4-24),旅游农户与非旅游农户的户均劳动力人数几乎相同,分别为3.31人和3.25人;但在农业劳动力的投入上,非旅游农户要多于旅游农户,分别为1.73人和1.66人;在旅游劳动力的投入上,则旅游农户明显多于非旅游农户,分别为1.62人和1.25人。

表4-24 旅游农户与非旅游农户劳动力状况　　　　　单位:人

调查项目	旅游农户		非旅游农户	
	均值	标准差	均值	标准差
家庭劳动力	3.31	1.295	3.25	1.612
农业劳动力	1.66	0.703	1.73	0.690
旅游劳动力	1.62	0.639	1.25	0.500

数据来源:根据本课题组的问卷调查资料整理而得。

(二)资金投入

从表4-25看,旅游农户与非旅游农户的借贷比例均较低,分别为26.5%和23.4%。其中,借贷资金用于农业生产的旅游农户比例与成熟地农户相同,均为5.4%;借贷资金用于建房或购房的非旅游农户比例高于旅游农户,分别为14.6%和9.7%;而旅游农户将借贷资金更多用于旅游经营,比例达到12.1%。此外,旅游农户和非旅游农户借贷资金用于子女教育的比例较少,分别为3.9%和1.3%。

表4－25　旅游农户与非旅游农户的借贷情况

借贷用途	旅游农户		非旅游农户	
	样本数/户	百分比/%	样本数/户	百分比/%
否	341	73.5	183	76.6
农业生产	25	5.4	13	5.4
旅游经营	56	12.1	—	—
子女教育	18	3.9	3	1.3
建房或购房	45	9.7	35	14.6
其他	14	3.0	15	6.3

数据来源：根据本课题组的问卷调查资料整理而得。

（三）投入成本

从图4－6看，农户农业生产投入成本主要包括租地、种子、农药、化肥、水电费、机械、人工费、柴油、农膜等。其中，旅游农户种子投入的成本比例高于非旅游农户，分别为60.2%和53.2%；旅游农户农药投入的成本比例低于非旅游农户，分别为50.2%和52.3%，化肥投入的成本比例也低于非旅游农户，分别为47.2%和55.4%；旅游农户机械、人工费投入的成本比例高于非旅游农户，分别是47.9%和42.9%；而租地、水电、柴油、农膜等投入的成本比例较低，旅游农户与非旅游农户租地投入的成本分别为4.9%和6.0%，水电投入的成本比例均为5.6%，柴油投入的成本比例分别为4.0%和1.7%，农膜投入的成本比例分别为1.6%和2.1%。

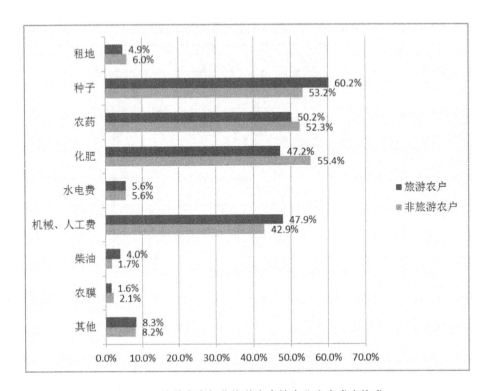

图 4 - 6　旅游农户与非旅游农户的农业生产成本构成

三、旅游农户与非旅游农户的土地经营行为

(一) 土地经营规模

据统计数据显示(见表 4 - 26),旅游农户与非旅游农户的户均自有耕地面积相同,均为 3.8 亩;但户均实际耕种面积非旅游农户略高于旅游农户,分别为 2.9 亩和 2.6 亩。按照人均耕地面积计算,旅游农户与非旅游农户土地经营规模均显得很小,其中旅游农户人均自有耕地面积和实际耕种面积分别仅有 0.73 亩和 0.50 亩,非旅游农户人均自有耕地面积和实际耕种面积分别仅有 0.72 亩和 0.55 亩。

表 4 - 26 旅游农户与非旅游农户的土地耕种情况 单位:户、亩

土地形式	农户类型	样本数	极大值	极小值	众数	平均值	标准差
自有耕地	旅游农户	464	11.0	0.5	3.0	3.8	2.0747
	非旅游农户	239	14.0	0.4	3.0	3.8	2.2432
实种耕地	旅游农户	464	65.0	0.1	2.0	2.6	3.3754
	非旅游农户	239	40.0	0.2	3.0	2.9	3.4588

数据来源:根据本课题组的问卷调查资料整理而得。

（二）土地流转

由表 4 - 27 显示,旅游农户与非旅游农户的土地流转参与率非常高,分别达到 51.3% 和 51.5%,其中分别有 49.4%（229 户）和 45.6%（109 户）的农户转出了土地,仅有 1.9%（9 户）和 5.9%（14 户）的农户转入土地,转出土地的农户要远远大于转入土地的农户。

表 4 - 27 旅游农户与非旅游农户土地流转形态分布

流转形态	旅游农户		非旅游农户	
	样本数/户	百分比/%	样本数/户	百分比/%
转出	229	49.4	109	45.6
转入	9	1.9	14	5.9
未流转	226	48.7	116	48.5

数据来源:根据本课题组的问卷调查资料整理而得。

又如表 4 - 28 所示,旅游农户和非旅游农户的户均土地转入面积均远远大于转出面积,其中旅游农户的户均土地转入面积高于非旅游农户,分别为 9.7 亩和 7.8 亩,转出面积也略高于非旅游农户,分别为 2.1 亩和 2.0 亩。

表4-28　旅游农户与非旅游农户的土地流转情况　　　单位:户、亩

流转形态	农户类型	极大值	极小值	众数	平均值	标准差
转出	旅游农户	10.0	0.5	2.0	2.1	1.3018
	非旅游农户	8.0	0.3	1.0	2.0	1.4040
转入	旅游农户	64.0	1.0	1.0	9.7	20.4389
	非旅游农户	36.0	2.0	2.0	7.8	8.7105

数据来源:根据本课题组的问卷调查资料整理而得。

(三)土地撂荒现象

从统计数据来看(见表4-29),非旅游农户土地撂荒的比例明显高于旅游农户,在调查的239户非旅游农户中,存在撂荒现象的农户有95户,占总样本的39.7%,而在调查的412户旅游农户中,有108户农户存在撂荒现象,占总样本的26.2%;但在户均撂荒面积上,旅游农户略高于非旅游农户,分别为1.4亩和1.1亩。

表4-29　旅游农户与非旅游农户的土地撂荒情况　　　单位:户、亩

农户类型	样本数	极大值	极小值	众数	平均值	标准差
旅游农户	108	5.0	0.2	1.0	1.4	0.9743
非旅游农户	95	3.0	0.2	1.0	1.1	0.5843

数据来源:根据本课题组的问卷调查资料整理而得。

四、旅游农户与非旅游农户的技术采纳行为

(一)农户对技术培训的看法

从表4-30看,参加农业技术培训的旅游农户与非旅游农户均较少,分别仅有17.5%和18.4%。但对技术培训的看法(见表4-31)总体比较积极,分别有34.4%的旅游农户和24.0%的非旅游农户认为"非常必要";认为"用不着,已有的知识技能就够用"的分别有22.4%和22.3%;认为

"想学习,但没机会"的分别有26.4%和33.5%;认为"有用,能够解决一些现实问题"的分别有25.1%和30.0%;认为"没有用"的分别有10.6%和15.5%。

表4-30　旅游农户与非旅游农户参加技术培训情况

是否参加过	旅游农户		非旅游农户	
	样本数/户	百分比/%	样本数/户	百分比/%
否	383	82.5	195	81.6
是	81	17.5	44	18.4

数据来源:根据本课题组的问卷调查资料整理而得。

表4-31　旅游农户与非旅游农户对技术培训的看法

看法	旅游农户		非旅游农户	
	样本数/户	百分比/%	样本数/户	百分比/%
非常必要	155	34.4	56	24.0
用不着,已有的知识技能就够用	101	22.4	52	22.3
想学习,但没机会	119	26.4	78	33.5
有用,能够解决一些现实问题	113	25.1	70	30.0
没有用	48	10.6	36	15.5

数据来源:根据本课题组的问卷调查资料整理而得。

(二)农户采纳新技术的意愿

从表4-32看,非旅游农户对于农业新技术的采纳比旅游农户更谨慎和保守。其中,有25.2%的旅游农户和20.5%的非旅游农户愿意"马上采用";有57.5%的旅游农户和72.7%的非旅游农户是"看别人用后效果,再使用";坚持"不采用"的旅游农户和非旅游农户分别仅有17.3%和6.8%。

表4-32　旅游农户与非旅游农户采纳新技术的意愿

采纳意愿	旅游农户		非旅游农户	
	样本数/户	百分比/%	样本数/户	百分比/%
马上采用	176	25.2	42	20.5
看别人用后效果,再使用	402	57.5	149	72.7
不采用	121	17.3	14	6.8

数据来源:根据本课题组的问卷调查资料整理而得。

(三)农户解决农业技术问题的途径

调查数据表明(见表4-33),当生产过程中遇到技术问题时,旅游农户和非旅游农户均选择最多的途径是"请教有经验的村民",分别有46.3%和48.1%;通过"自己解决"的农户也较多,分别有42.8%和46.4%;选择"咨询农资销售人员"的农户同样多,有18.4%;选择"找当地农技员"途径的农户分别仅有17.7%和15.9%;选择"听天由命"的农户,也分别有9.8%和14.6%。

表4-33　旅游农户与非旅游农户解决技术问题的途径

解决途径	旅游农户		非旅游农户	
	样本数/户	百分比/%	样本数/户	百分比/%
咨询农资销售人员	83	18.4	44	18.4
找当地农技员	80	17.7	38	15.9
请教有经验的村民	209	46.3	115	48.1
自己解决	193	42.8	111	46.4
听天由命	44	9.8	35	14.6
其他	13	2.9	2	0.8

数据来源:根据本课题组的问卷调查资料整理而得。

本章小结

本章从阶段类型、空间类型和农户类型比较分析乡村旅游地农户农业生产行为特征。研究表明，乡村旅游地农户在生产选择行为、生产投入行为、土地经营行为以及技术采纳行为等均存在类型差异。

相对成长地农户而言，成熟地农户的农业生产意愿总体更积极正向。土地撂荒比例更低，土地流转程度和细碎化程度更高，更愿意维持在既不"扩大"、也不"放弃"和"减少"的"坚守"状态；对农业新技术的需求和渴望更强烈，采纳意愿也更积极，但遇到技术问题更倾向自我解决。

相对景郊农户而言，景区农户的农业生产意愿总体更积极正向。土地撂荒比例更低，土地流转程度和细碎化程度更高，更愿意维持在既不"扩大"、也不"放弃"和"减少"的"坚守"状态；对农业新技术的需求和渴望更强烈，采纳意愿也更积极，但遇到技术问题更倾向自我解决。

相对非旅游农户而言，旅游农户的农业生产意愿总体更积极正向。土地撂荒比例更低，土地流转程度相当，但细碎化程度更高，更愿意维持在既不"扩大"、也不"放弃"的"坚守"状态；对农业新技术的采纳意愿更积极，当遇到技术问题时更愿意向外求助积极解决。

综合而言，相对成长地农户、景郊农户和非旅游农户，成熟地农户、景区农户和旅游农户具有更明显的生活理性和生态理性。他们从事农业生产更多依据自家生活需要、资源禀赋以及旅游环境等做出有限选择；更倾向雇人和机械进行农业生产，以腾出更多精力从事旅游经营；追求绿色无公害生产，更少施用农药和化肥，以满足家庭食品安全。

第五章　乡村旅游地农户农业生产行为的
影响因素分析

本章对乡村旅游地农户农业生产行为的影响因素进行分析。在现实生产过程中,乡村旅游地农户农业生产行为受多种因素影响,为了更清晰地展现各种因素的影响方向和影响程度,将根据调查资料,通过 Logistic 回归模型和 PRA 方法进行实证分析。

第一节　乡村旅游地农户农业生产行为
影响因素的 Logistic 模型分析

一、模型设定与变量选择

(一) 模型设定

在经典的计量经济学模型中,被解释变量通常被假定为连续变量。但是,具体经济分析中,常常面临着许多决策问题,或者称为约束下的选择问题。特别是农业生产者对生产资源的利用总是表现为在几种方案中做出选择。Logistic 模型可以直接预测观测量相对于某一事件的发生概率,适合预测分析农户个体微观行为决策。本课题所考察的乡村旅游地农户从事农业生产的意愿决策分析,因变量的选择结果有"放弃""减少""不变"

和"扩大"四种情况,分别用1、2、3、4值表示。考虑到概率分布和密度函数的简洁性和解释上的便利性,本研究采用多元Logistic模型作为农户生产意愿行为分析模型,具体模型形式如下:

$$logit(p_j) = \ln\left(\frac{p_j}{1-p_j}\right) = \alpha_j + \beta_1 x_1 + \beta_2 x_2 + \cdots + \beta_k x_k \quad (5-1)$$

$$p_j = p(y \leqslant j | x) = \left\{ \begin{array}{l} \dfrac{\exp(\alpha_j + \beta x)}{1 + \exp(\alpha_j + \beta x)}, \text{当} 1 \leqslant j \leqslant g-1 \\ 1, \text{当} j = g \end{array} \right\} \quad (5-2)$$

式中,y为因变量,表示农户生产行为意愿;$p_j = p(y \leqslant j | x)$为农户偏向某种生产意愿的概率;$x$为自变量向量,即农户生产行为的诸多影响因素;$a_j$是截距参数,$\beta_i(i=1,2,\cdots,n)$是回归系数。

模型要对每个生产意愿类别与参照类别的发生比进行参数估计,因此,要同时估计出$j-1$个模型。各自变量的参数估计值β可进行指数转化为$\text{Exp}(\beta)$,表示在控制其他因素情况下,某自变量的单位变化对某一类别相对参照组的发生比的影响(王志刚,2015)。

Logistic模型的检验从两个方面进行评价。一是模型似然比卡方检验,即检验模型中所有预测变量的回归系数是否都为零,换言之,它描述模型中包含的自变量是否解释了因变量的部分变异;STATA输出LRchi2的取值越大,模型的拟合程度越好,反之亦然;二是统计量伪判定系数R^2(pseude R^2),评价模型中自变量对因变量变异的解释能力,以此来判断模型效果的统计量,取值越大,效果就越大,反之亦然(杨菊花,2012)。

(二)变量选择

根据前面对乡村旅游地农户农业生产行为的分析框架构建以及特征分析,在已有研究文献的基础上,我们对影响乡村旅游地农户农业生产意愿的四大因素分别设置若干个变量,共计34个变量作为解释变量。其中,农户特征因素包括户主性别(X_1)、户主年龄(X_2)、户主职业(X_3)、户主文化程度(X_4)、家庭人口数(X_5)、家庭总收入(X_6)等6个变量;农业生产因素包括劳动力人数(X_7)、是否有人外出打工(X_8)、拥有耕地规模(X_9)、是否有生产性贷款(X_{10})、是否参加过农业技术培训(X_{11})、是否参加合作经济组织(X_{12})、近三年农业收益变化(X_{13})、近三年自然灾害损失程度(X_{14})、是否参加农业保险(X_{15})等9个变量;旅游发展因素包括所属阶段类型(X_{16})、所属空间类型(X_{17})、是否旅游农户(X_{18})、从事旅游人数(X_{19})、旅游是否拉动了农业需求(X_{20})、旅游是否提高了农业附加值(X_{21})、旅游是否限制了农业生产自由(X_{22})、游客是否干扰了农业生产(X_{23})等8个变量;政策感知因素包括对农业基础设施投入与建设政策评价(X_{24})、对农产品价格调控政策评价(X_{25})、对农业技术投入和推广政策评价(X_{26})、对农业补贴政策评价(X_{27})、对旅游反哺农业的政策和做法评价(X_{28})、对农资市场管理手段评价(X_{29})、对中介服务组织建设评价(X_{30})、对土地流转政策和做法评价(X_{31})、对农业保险政策评价(X_{32})、对农业贷款政策评价(X_{33})、对防灾救灾政策和手段评价(X_{34})等个11变量。各指标变量及其定义说明如下表5-1。

表5-1　影响乡村旅游地农户农业生产意愿的变量说明

变量名称	赋值及变量定义
户主性别(X_1)	女=0;男=1
户主年龄(X_2)	具体值,户主的年龄
户主职业(X_3)	务农=1;旅游经营=2;外出打工=3;其他=4
户主文化程度(X_4)	小学及以下=1;初中=2;高中或中专=3;大专及以上=4
家庭人口数(X_5)	具体值,家庭全部人口数量
家庭总收入(X_6)	1万元以下=1;1万~3万元=2;3万~5万元=3;5万~10万元=4;10万元以上=5
劳动力人数(X_7)	具体值,家庭劳动力数量
是否有人外出打工(X_8)	否=0;是=1
拥有耕地规模(X_9)	具体值,实际自有耕地规模
是否有生产性贷款(X_{10})	否=0;是=1
是否参加过农业技术培训(X_{11})	否=0;是=1
是否参加合作经济组织(X_{12})	否=0;是=1
近三年农业收益变化(X_{13})	减少=1;变化不大=2;增加=3

续表

变量名称	赋值及变量定义
近三年自然灾害损失程度(X_{14})	没有 = 0;10% 以下 = 1;11% ~ 20% = 2;21% ~ 30% = 3;31% ~ 50% = 4;50% 以上 = 5
是否参加农业保险(X_{15})	否 = 0;是 = 1
所属阶段类型(X_{16})	成长地农户 = 1;成熟地农户 = 2
所属空间类型(X_{17})	景郊农户 = 1;景区农户 = 2
是否旅游农户(X_{18})	否 = 0;是 = 1
从事旅游人数(X_{19})	具体值,家庭从事旅游的劳动力数量
旅游是否拉动了农业需求(X_{20})	否 = 0;是 = 1
旅游是否提高了农业附加值(X_{21})	否 = 0;是 = 1
旅游是否限制了农业生产自由(X_{22})	否 = 0;是 = 1
游客是否干扰了农业生产(X_{23})	否 = 0;是 = 1
对农业基础设施投入与建设政策评价(X_{24})	很不满意 = 1;不太满意 = 2;一般 = 3;比较满意 = 4;非常满意 = 5
对农产品价格调控政策评价(X_{25})	很不满意 = 1;不太满意 = 2;一般 = 3;比较满意 = 4;非常满意 = 5
对农业技术投入和推广政策评价(X_{26})	很不满意 = 1;不太满意 = 2;一般 = 3;比较满意 = 4;非常满意 = 5
对农业补贴政策评价(X_{27})	很不满意 = 1;不太满意 = 2;一般 = 3;比较满意 = 4;非常满意 = 5
对旅游反哺农业的政策和做法评价(X_{28})	很不满意 = 1;不太满意 = 2;一般 = 3;比较满意 = 4;非常满意 = 5
对农资市场管理手段评价(X_{29})	很不满意 = 1;不太满意 = 2;一般 = 3;比较满意 = 4;非常满意 = 5
对中介服务组织建设评价(X_{30})	很不满意 = 1;不太满意 = 2;一般 = 3;比较满意 = 4;非常满意 = 5
对土地流转政策和做法评价(X_{31})	很不满意 = 1;不太满意 = 2;一般 = 3;比较满意 = 4;非常满意 = 5

续表

变量名称	赋值及变量定义
对农业保险政策评价(X_{32})	很不满意 = 1;不太满意 = 2;一般 = 3;比较满意 = 4;非常满意 = 5
对农业贷款政策评价(X_{33})	很不满意 = 1;不太满意 = 2;一般 = 3;比较满意 = 4;非常满意 = 5
对防灾救灾政策和手段评价(X_{34})	很不满意 = 1;不太满意 = 2;一般 = 3;比较满意 = 4;非常满意 = 5

二、描述性分析

依据乡村旅游地农户的不同生产意愿选择,分别对选择"扩大"农业生产的 104 个样本农户,选择"不变"农业生产的 364 个农户,选择"减少"农业生产的 129 个农户和选择"放弃"农业生产的 106 个农户的相应自变量进行描述性统计分析(见表 5 - 2),从中可以揭示出以下一些现象:

选择"放弃"农业生产的乡村旅游地农户中,户主为男性的比例更高,家庭总收入更低,劳动力人数更多,拥有耕地规模更小,参加过农业技术培训的更少,参加合作经济组织的更少,近三年农业收益变化更小,属于成长地农户的更多,属于非旅游农户的更多,认为旅游拉动了农业需求的更少,认为游客干扰了农业生产的更少,对农业技术投入和推广政策评价更低,对农业补贴政策评价更低,对旅游反哺农业的政策和做法评价更低。

选择"减少"农业生产的乡村旅游地农户中,户主为男性的比例更低,户主的年龄更小,户主外出打工的比例更高,户主的文化程度更高,家庭人口数更少,近三年自然灾害损失程度更低,从事旅游人数最多,认为旅游提高了农业附加值的更少,对农业基础设施投入与建设政策评价更低,对农产品价格调控政策评价更低,对农业技术投入和推广政策评价更低,对农业补贴政策评价更高,对农资市场管理手段评价更低,对中介服务组织建设评价更低,对土地流转政策和做法评价更低,对农业贷款政策评价更低,对防灾救灾政策和手段评价更低。

选择"不变"农业生产的乡村旅游地农户中,户主为男性的比例更高,户主的年龄更大，家庭总收入更高，外出打工的更少，生产性贷款比例更低，参加合作经济组织的更少，参加农业保险的更多，属于成熟地农户的更多，属于景区农户的更多，认为旅游提高了农业附加值的更多，认为旅游限制了农业生产自由的更多，认为游客干扰了农业生产的更多，对农业保险政策评价更低。

选择"扩大"农业生产的乡村旅游地农户中，户主为男性的比例更高，户主务农的比例更高，户主的文化程度更低，家庭人口数更多，拥有耕地规模更大，生产性贷款比例更高，参加过农业技术培训的更多，参加合作经济组织的更多，近三年农业收益变化更大，近三年自然灾害损失程度更大，属于景郊农户的比例更高，认为旅游拉动了农业需求的更多，认为旅游提高了农业附加值的更多，认为旅游限制了农业生产自由的更少，认为游客干扰了农业生产的更少，对农业基础设施投入与建设政策评价更高，对农产品价格调控政策评价更高，对农业补贴政策评价更高，对农业技术投入和推广政策评价更高，对旅游反哺农业的政策和做法评价更高，对农资市场管理手段评价更高，对中介服务组织建设评价更高，对土地流转政策和做法评价更高，对农业保险政策评价更高，对农业贷款政策评价更高，对防灾救灾政策和手段评价更高。

表 5-2 变量的统计特征

变量名称	扩大		不变		减少		放弃	
	平均值	标准差	平均值	标准差	平均值	标准差	平均值	标准差
户主性别(X_1)	0.64	0.48	0.64	0.48	0.55	0.50	0.64	0.48
户主年龄(X_2)	48.36	7.23	48.60	8.55	45.14	9.83	47.76	9.84
户主职业(X_3)	1.88	1.21	2.28	1.21	2.62	1.12	2.36	1.19
户主文化程度(X_4)	1.81	0.78	2.12	0.90	2.36	0.98	2.00	0.83
家庭人口数(X_5)	5.50	1.95	5.22	1.96	5.06	1.51	5.16	2.73
家庭总收入(X_6)	3.45	1.12	3.76	0.96	3.64	0.92	3.36	0.94
劳动力人数(X_7)	3.27	1.34	3.26	1.30	3.29	1.26	3.43	1.94
是否有人外出打工(X_8)	0.63	0.49	0.54	0.50	0.66	0.48	0.65	0.48
拥有耕地规模(X_9)	4.62	7.67	2.51	1.58	2.36	1.96	1.94	1.44

续表

变量名称	扩大		不变		减少		放弃	
	平均值	标准差	平均值	标准差	平均值	标准差	平均值	标准差
是否有生产性贷款(X_{10})	0.12	0.32	0.04	0.19	0.05	0.22	0.05	0.21
是否参加过农业技术培训(X_{11})	0.25	0.44	0.17	0.38	0.18	0.38	0.13	0.34
是否参加合作经济组织(X_{12})	0.15	0.36	0.07	0.26	0.08	0.27	0.07	0.25
近三年农业收益变化(X_{13})	2.21	0.61	2.07	0.50	2.00	0.62	1.85	0.47
近三年自然灾害损失程度(X_{14})	1.96	1.41	1.59	1.36	1.36	1.25	1.52	1.28
是否参加农业保险(X_{15})	0.19	0.40	1.11	0.32	0.25	0.43	0.15	0.36
所属阶段类型(X_{16})	1.36	0.48	1.49	0.50	1.41	0.49	1.34	0.48
所属空间类型(X_{17})	1.41	0.50	1.68	0.47	1.52	0.50	1.53	0.50
是否旅游农户(X_{18})	0.46	0.50	0.73	0.44	0.90	0.30	0.31	0.47
从事旅游人数(X_{19})	0.69	0.83	1.27	0.95	1.35	0.70	0.48	0.78
旅游是否拉动了农业需求(X_{20})	0.50	0.50	0.37	0.48	0.36	0.48	0.27	0.45
旅游是否提高了农业附加值(X_{21})	0.37	0.48	0.37	0.48	0.26	0.44	0.27	0.45
旅游是否限制了农业生产自由(X_{22})	0.14	0.35	0.24	0.43	0.17	0.38	0.16	0.37
游客是否干扰了农业生产(X_{23})	0.17	0.38	0.24	0.43	0.21	0.41	0.17	0.38
对农业基础设施投入与建设政策评价(X_{24})	3.28	1.05	3.22	0.95	2.87	0.96	3.12	1.05
对农产品价格调控政策评价(X_{25})	3.32	0.87	3.13	0.84	3.01	0.85	3.11	0.83
对农业技术投入和推广政策评价(X_{26})	3.04	0.89	2.96	0.93	2.80	0.87	2.80	0.88
对农业补贴政策评价(X_{27})	3.36	1.04	3.36	0.97	3.36	0.98	3.28	0.95
对旅游反哺农业的政策和做法评价(X_{28})	3.03	1.00	2.85	0.99	2.79	0.98	2.71	0.91
对农资市场管理手段评价(X_{29})	2.92	0.86	2.83	0.86	2.73	0.86	2.79	0.73
对中介服务组织建设评价(X_{30})	2.81	1.03	2.67	0.93	2.61	0.92	2.70	0.86

续表

变量名称	扩大		不变		减少		放弃	
	平均值	标准差	平均值	标准差	平均值	标准差	平均值	标准差
对土地流转政策和做法评价（X_{31}）	3.04	1.00	2.92	0.94	2.83	1.00	2.97	0.85
对农业保险政策评价（X_{32}）	3.14	0.94	3.01	0.92	3.12	0.95	3.03	0.82
对农业贷款政策评价（X_{33}）	3.34	0.95	3.29	0.86	3.02	0.95	3.17	0.85
对防灾救灾政策和手段评价（X_{34}）	3.20	0.86	3.07	0.88	2.88	1.00	2.95	0.76

三、实证分析结果

(一)模型检验

首先在进行多分类 Logistic 回归分析之前,要进行自变量的多重共线性检验。多重共线性指在自变量之间存在线性相关关系,即检验每一个自变量是否可以用其他一个或几个自变量的线性表达式进行表示。若存在"严重多重共线性",则会导致总体参数不可识别,无法定义最小二乘估计量,其处理办法是删除对因变量解释较小的并导致严重共线性的变量,或者对模型进行进一步修正。检验自变量之间是否存在多重共线性的主要统计量是方差膨胀因子(VIF)和容忍度(Tolerance),方差膨胀因子为容忍度的倒数,其值越小,自变量之间越不存在多重共线性,一般认为当 VIF > 10 时,可认为自变量之间存在多重共线性;某一自变量的容忍度是指 1 减去以该自变量为因变量,模型中其他自变量为自变量所得到的线性回归模型的决定系数,取值范围为[0,1],显然,容忍度越小,多重共线性越严重,一般认为当 Tolerance < 0.1 时,存在严重的多重共线性(张文彤、旷春伟,2013)。从表 5 - 3 显示,各自变量的方差膨胀因子(VIF)按照从大到小的顺序排序,最大值为 3.855,最小值为 1.121,其平均值为 1.6214,且 Tolerance > 0.1,显然,自变量之间不存在多重共线性,所选取的自变量全部保留并纳入模型进行回归。

表5-3 自变量间的多重共线性检验结果

自变量	共线性统计量	
	方差膨胀因子(VIF)	容忍度(Tolerance)
户主性别(X_1)	1.121	0.892
户主年龄(X_2)	1.667	0.600
户主职业(X_3)	1.181	0.847
户主文化程度(X_4)	1.680	0.595
家庭人口数(X_5)	2.095	0.477
家庭总收入(X_6)	1.322	0.756
劳动力人数(X_7)	2.188	0.457
是否有人外出打工(X_8)	1.248	0.801
拥有耕地规模(X_9)	1.148	0.871
是否有生产性贷款(X_{10})	1.178	0.849
是否参加过农业技术培训(X_{11})	1.191	0.840
是否参加合作经济组织(X_{12})	1.196	0.836
近三年农业收益变化(X_{13})	1.186	0.843
近三年自然灾害损失程度(X_{14})	1.133	0.882
是否参加农业保险(X_{15})	1.197	0.835
所属阶段类型(X_{16})	1.263	0.792
所属空间类型(X_{17})	1.371	0.730
是否旅游农户(X_{18})	3.455	0.289
从事旅游人数(X_{19})	3.855	0.259
旅游是否拉动了农业需求(X_{20})	1.374	0.728
旅游是否提高了农业附加值(X_{21})	1.279	0.782
旅游是否限制了农业生产自由(X_{22})	1.187	0.842
游客是否干扰了农业生产(X_{23})	1.215	0.823
对农业基础设施投入与建设政策评价(X_{24})	1.799	0.556
对农产品价格调控政策评价(X_{25})	2.083	0.480
对农业技术投入和推广政策评价(X_{26})	2.067	0.484
对农业补贴政策评价(X_{27})	1.445	0.692
对旅游反哺农业的政策和做法评价(X_{28})	1.672	0.598

续表

自变量	共线性统计量	
	方差膨胀因子（VIF）	容忍度（Tolerance）
对农资市场管理手段评价（X_{29}）	1.879	0.532
对中介服务组织建设评价（X_{30}）	1.912	0.523
对土地流转政策和做法评价（X_{31}）	1.704	0.587
对农业保险政策评价（X_{32}）	1.824	0.548
对农业贷款政策评价（X_{33}）	1.536	0.651
对防灾救灾政策和手段评价（X_{34}）	1.477	0.677

然后将整体模型进行拟合度检验,比较它们的预测结果与实际发生情况的吻合程度。检验结果显示:最大似然值和两个伪判定系数分别为648.153、0.780和0.854,说明模型整体拟合度较好,模型的估计在一定程度上可以拟合调查数据。模型的整体预测率达到83.8%,说明模型的整体预测效果比较好,进一步支持了回归模型结果的可靠性。

（二）模型计量结果与讨论

通过运用以上 Logistic 模型回归分析对影响乡村旅游地农户农业生产行为的农户特征、农业生产、旅游发展和政策认知等因素进行分析。

1.农户特征因素的影响

从回归结果(见表5-4)显示,户主性别(X_1)对乡村旅游地农户农业生产意愿具有显著负向影响。户主性别(X_1)在"2/1"模型中通过了10%统计水平的显著性检验,且系数为负。这表明,在其他条件不变的情况下,与女性户主的农户相比,男性户主的农户选择"减少"生产的意愿更弱,选择"放弃"生产的意愿更强。户主性别(X_1)在"3/2"模型中通过了10%统计水平的显著性检验,且系数为负。这表明,在其他条件不变的情况下,与女性户主的农户相比,男性户主的农户选择"不变"生产的意愿更弱,选择"减少"生产的意愿更强。由此可见,男性户主农户偏好于"放弃"生产,女性户主农户偏好于"不变"生产。这是因为"男主外,女主内"的传统在乡村旅游地依然存在,男性户主在外兼业而女性户主在家务农的可能性更大。

表5-4　乡村旅游地农户农业生产意愿的多项 Logistic 模型估计结果(农户特征因素)

自变量	4/1	3/1	2/1	4/2	3/2	4/3
	$Exp(\beta)$	$Exp(\beta)$	$Exp(\beta)$	$Exp(\beta)$	$Exp(\beta)$	$Exp(\beta)$
户主性别(X_1)	1.646	1.289	-2.098*	-0.784	-0.614*	1.277
	(1.52)	(0.60)	(-3.61)	(-0.40)	(-2.95)	(0.60)
户主年龄(X_2)	-0.979	1.008	-0.991	-0.989	1.017	-0.972
	(-0.61)	(0.14)	(-0.14)	(-0.18)	(0.82)	(-1.75)
户主职业(X_3)	0.232**	0.190***	-0.405	-0.573	2.524**	1.225
	(3.97)	(9.14)	(-2.05)	(-0.58)	(5.38)	(0.10)
户主文化程度(X_4)	-0.547	-0.260	-0.124	4.412	2.097	2.105
	(-0.23)	(-2.31)	(-4.81)	(1.19)	(1.93)	(0.55)
家庭人口数(X_5)	1.344**	-1.282	1.127	1.192	1.137	1.049
	(4.77)	(-0.14)	(0.79)	(1.83)	(1.93)	(0.22)
家庭总收入(X_6)	-0.391	-0.452	-0.523	-0.747	-0.863	-0.886
	(-2.46)	(-2.60)	(-1.23)	(-0.28)	(-0.14)	(-0.11)

注:自变量中,"1"表示"放弃";"2"表示"减少";"3"表示"不变";"4"表示"扩大";4/1 $Exp(\beta)$ 表示"扩大"组相对参照组"放弃"的发生比率,其他类同;*、* *、* * *分别表示10%、5%、1%的显著性水平,括号内为 Z 统计值。

户主职业(X_3)对乡村旅游地农户农业生产意愿具有显著正向影响。户主职业(X_3)在"4/1"模型、"3/1"模型和"3/2"模型中分别通过了5%、1%和5%统计水平的显著性检验,且系数均为正。这表明,在其他条件不变的情况下,与务农户主的农户相比,非农户主的农户选择"扩大"或"不变"生产的意愿更强,选择"放弃"或"减少"生产的意愿更弱。即非农户主农户偏好于"扩大"或"不变"生产,务农户主农户偏好于"放弃"或"减少"生产。这可能是因为,相对务农户主,非农户主文化程度更高,掌握了更多的农业技术和信息,而且食品安全和土地意识也更强。

家庭人口数(X_5)对乡村旅游地农户农业生产意愿具有显著正向影

响。家庭人口数(X_5)在"4/1"模型中通过了5%统计水平的显著性检验，且系数为正。这表明，在其他条件不变的情况下，农户的家庭人口数越多，意味着家庭对农产品消费需求更多，劳动力也更多，其选择"扩大"生产的意愿更强，选择"放弃"生产的意愿更弱。

2. 农业生产因素的影响

从回归结果(见表5-5)显示，劳动力人数(X_7)对乡村旅游地农户农业生产意愿具有显著正向影响。劳动力人数(X_7)在"4/1"模型和"3/1"模型中均通过了1%统计水平的显著性检验，且系数均为正。这表明，在其他条件不变的情况下，农户的劳动力人数越多，其选择"扩大"或"不变"生产的意愿更强，选择"放弃"生产的意愿更弱。劳动力人数(X_7)在"2/1"模型中通过了10%统计水平的显著性检验，且系数为负。这表明，在其他条件不变的情况下，农户的劳动力人数越多，其选择"减少"生产的意愿更弱，选择"放弃"生产的意愿更强。

是否有人外出打工(X_8)对乡村旅游地农户农业生产意愿具有显著负向影响。是否有人外出打工(X_8)在"2/1"模型中通过了10%统计水平的显著性检验，且系数为负。这表明，在其他条件不变的情况下，与没有人外出打工的农户相比，有人外出打工的农户选择"减少"生产的意愿更弱，选择"放弃"生产的意愿更强。即有人外出打工的农户偏好于"放弃"生产，没有人外出打工的农户偏好于"减少"生产。这是因为，有人外出打工的农户可用于农业的劳动力更少，而且在外可以获得比农业更好的收入，更可能放弃生产；而没有人外出打工的农户，在家的劳动力较多，就近工作的可能性更大，所以会保留小规模农业以满足家庭生活需要。

拥有耕地规模(X_9)对乡村旅游地农户农业生产意愿具有显著正向影响。拥有耕地规模(X_9)在"4/1"模型、"4/2"模型和"4/3"模型中分别通过了1%、5%和1%统计水平的显著性检验，且系数均为正。这表明，在其他条件不变的情况下，农户拥有耕地越多，其选择"扩大"生产的意愿更强，选择"不变""减少"或"放弃"生产的意愿更弱。拥有耕地规模(X_9)在"3/1"模型中通过了10%统计水平的显著性检验，且系数为正。这表明，在其他条件不变的情况下，农户拥有耕地越多，其选择"不变"生产的意愿更强,选择"放弃"生产的意愿更弱。

近三年农业收益变化(X_{13})对乡村旅游地农户农业生产意愿具有显著正向影响。近三年农业收益变化(X_{13})在"4/1"模型、"3/1"模型和"2/1"模型中分别通过了1%、5%和5%统计水平的显著性检验,且系数均为正。这表明,在其他条件不变的情况下,农户近三年农业收益越增加,其选择"扩大""不变"或"减少"生产的意愿更强,选择"放弃"生产的意愿更弱。可见,农业收益变化并不会绝对影响乡村旅游地农户生产意愿向度,但对农户是否"放弃"生产具有正向影响。

表5-5   乡村旅游地农户农业生产意愿的多项 Logistic 模型估计结果(农业生产因素)

自变量	4/1	3/1	2/1	4/2	3/2	4/3
	Exp(β)	Exp(β)	Exp(β)	Exp(β)	Exp(β)	Exp(β)
劳动力人数(X_7)	0.576***	0.591***	-0.712*	-0.810	1.024	-0.976
	(6.98)	(10.10)	(-3.25)	(-1.18)	(0.77)	(-0.02)
是否有人外出打工(X_8)	-0.676	-0.610	-0.457*	1.481	1.336	1.108
	(-0.81)	(-1.95)	(-3.30)	(0.86)	(0.86)	(0.09)
拥有耕地规模(X_9)	1.544***	1.226*	1.198	1.289**	1.024	1.259***
	(12.4)	(3.34)	(1.97)	(6.21)	(0.08)	(8.66)
是否有生产性贷款(X_{10})	1.167	1.817	3.624	-0.322	-0.501	-0.642
	(0.03)	(0.55)	(1.89)	(-1.84)	(-1.02)	(-0.47)
是否参加过农业技术培训(X_{11})	1.125	1.227	-0.677	1.663	1.814	-0.917
	(0.05)	(0.20)	(-0.57)	(1.60)	(2.59)	(-0.05)
是否参加合作经济组织(X_{12})	-0.852	1.551	2.355	-0.362	-0.642	-0.563
	(-0.05)	(0.45)	(1.32)	(-2.24)	(-0.70)	(-1.20)
近三年农业收益变化(X_{13})	0.169***	0.253**	0.217**	-0.776	1.162	-0.667
	(7.11)	(4.97)	(5.16)	(-0.29)	(0.17)	(-1.12)
近三年自然灾害损失程度(X_{14})	0.000	0.000	1.107	0.000	0.000	4.715
	(0.00)	(0.00)	(0.00)	(0.00)	(0.00)	(1.62)
是否参加农业保险(X_{15})	1.623	1.306	-0.576	-2.817**	-2.2677**	1.243
	(0.75)	(0.33)	(-1.06)	(-4.04)	(-4.67)	(0.24)

注:自变量中,"1"表示"放弃";"2"表示"减少";"3"表示"不变";"4"表示"扩大";

4/1 Exp(β)表示"扩大"组相对参照组"放弃"的发生比率,其他类同;＊、＊＊、＊＊＊分别表示10%、5%、1%的显著性水平,括号内为Z统计值。

是否参加农业保险(X_{15})对乡村旅游地农户农业生产意愿具有显著负向影响。是否参加农业保险(X_{15})在"4/2"模型和"3/2"模型中均通过了5%统计水平的显著性检验,且系数均为负。这表明,在其他条件不变的情况下,与没有参加农业保险的农户相比,参加农业保险的农户选择"扩大"或"不变"生产的意愿更弱,选择"减少"生产的意愿更强。即参加农业保险的农户偏好于"减少"生产,未参加农业保险的农户偏好于"扩大"或"不变"生产。对此的解释是,参加农业保险的农户其生产规模相对较大,对农业保险的期望更高,但在实际生产过程中,可能并未实现预期收益目标,反而挫伤了生产积极性。

3. 旅游发展因素的影响

从回归结果(见表5－6)显示,所属阶段类型(X_{16})对乡村旅游地农户农业生产意愿具有显著正向影响。所属阶段类型(X_{16})在"2/1"模型通过了5%统计水平的显著性检验,且系数为正。这表明,在其他条件不变的情况下,与成长地农户相比,成熟地农户选择"减少"生产的意愿更强,选择"放弃"生产的意愿更弱。所属阶段类型(X_{16})在"3/2"模型中通过了5%统计水平的显著性检验,且系数为正。这表明,在其他条件不变的情况下,与成长地农户相比,成熟地农户选择"不变"生产的意愿更强,选择"减少"生产的意愿更弱。由此可见,成熟地农户偏好于"减少"或"不变"生产,成长地农户偏好于"扩大"或"放弃"生产。这是因为,当地旅游发展越成熟,农户获得的旅游利益更多,他们的土地意识和生活理性也随之增强,农业生产意愿就越倾向"坚守"状态。

所属空间类型(X_{17})对乡村旅游地农户农业生产意愿具有显著正向影响。所属空间类型(X_{17})在"3/1"模型和"2/1"模型中分别通过了1%和5%统计水平的显著性检验,且系数均为正。这表明,在其他条件不变的情况下,与景郊农户相比,景区农户选择"减少"或"不变"生产的意愿更强,选择"放弃"生产的意愿更弱。所属空间类型(X_{17})在"4/2"模型和"4/3"

模型中均通过了1%统计水平的显著性检验,且系数均为负。这表明,在其他条件不变的情况下,与景郊农户相比,景区农户选择"扩大"生产的意愿更弱,选择"减少"或"不变"生产的意愿更强。由此可见,景区农户偏好于"减少"或"不变"生产,景郊农户偏好于"扩大"或"放弃"生产。对此的解释是,乡村旅游地具有"磁场效应",以旅游景区为中心,向周围扩散,愈远影响愈弱,所以景区农户比景郊农户更容易受到旅游影响,农业生产也就更倾向生活理性。

是否旅游农户(X_{18})对乡村旅游地农户农业生产意愿具有显著正向影响。是否旅游农户(X_{18})在"3/1"模型和"2/1"模型中分别通过了5%和1%统计水平的显著性检验,且系数均为正。这表明,在其他条件不变的情况下,与非旅游农户相比,旅游农户选择"减少"或"不变"生产的意愿更强,选择"放弃"生产的意愿更弱。是否旅游农户(X_{18})在"4/2"模型和"3/2"模型中均通过了1%统计水平的显著性检验,且系数均为负。这表明,在其他条件不变的情况下,与非旅游农户相比,旅游农户选择"扩大"或"不变"生产的意愿更弱,选择"减少"生产的意愿更强。由此可见,旅游农户偏好于"减少"或"不变"生产,非旅游农户偏好于"扩大"或"放弃"生产。这是因为,旅游农户既从事旅游经营,又从事农业生产,要在"生财"和"生活"之间做好平衡,所以农业生产意愿倾向于"坚守"状态;而非旅游农户没有参与旅游经营,要保障家庭的基本生活,最好的选择就是:要么通过"扩大"生产获利增收,要么"放弃"生产外出谋生。

表5-6 乡村旅游地农户农业生产意愿的多项 Logistic 模型估计结果(旅游发展因素)

自变量	4/1	3/1	2/1	4/2	3/2	4/3
	Exp(β)	Exp(β)	Exp(β)	Exp(β)	Exp(β)	Exp(β)
所属阶段类型(X_{16})	-0.968	1.221	2.437**	-0.397	0.501**	-0.793
	(-0.01)	(0.33)	(4.55)	(-5.01)	(5.42)	(-0.47)
所属空间类型(X_{17})	1.301	0.285***	0.354**	-3.68***	-0.807	-4.559***
	(0.31)	(11.10)	(5.30)	(-7.94)	(-0.42)	(-15.64)
是否旅游农户(X_{18})	-0.471	0.193**	0.261***	-18.175***	-7.448***	2.440
	(-0.87)	(6.72)	(23.1)	(-14.76)	(-13.52)	(2.08)

续表

自变量	4/1	3/1	2/1	4/2	3/2	4/3
	Exp(β)	Exp(β)	Exp(β)	Exp(β)	Exp(β)	Exp(β)
从事旅游人数(X_{19})	1.431	-2.069**	1.637	-0.745	-0.987	-0.692
	(0.59)	(-4.09)	(-1.45)	(-0.39)	(-0.02)	(-1.15)
旅游是否拉动了 农业需求(X_{20})	0.329**	0.436	-0.441*	-0.758	-0.714	-0.755
	(5.51)	(4.56)	(-3.30)	(-0.46)	(-1.09)	(-0.61)
旅游是否提高了 农业附加值(X_{21})	1.507	1.421	1.989	-0.758	-0.816	1.061
	(0.86)	(0.98)	(2.45)	(0.39)	(-0.32)	(0.03)
旅游是否限制了 农业生产自由(X_{22})	1.216	-0.988	1.211	1.005	-0.816	1.232
	(0.14)	(-0.00)	(0.15)	(0.00)	(-0.32)	(0.25)
游客是否干扰了 农业生产(X_{23})	-0.653	-0.537	-0.462	1.414	1.164	1.251
	(-0.66)	(-2.21)	(-2.37)	(0.49)	(0.19)	(0.23)

注:自变量中,"1"表示"放弃";"2"表示"减少";"3"表示"不变";"4"表示"扩大";4/1 Exp(β)表示"扩大"组相对参照组"放弃"的发生比率,其他类同;*、**、***分别表示10%、5%、1%的显著性水平,括号内为 Z 统计值。

从事旅游人数(X_{19})对乡村旅游地农户农业生产意愿具有显著负向影响。从事旅游人数(X_{19})在"3/1"模型中通过了5%统计水平的显著性检验,且系数为负。这表明,在其他条件不变的情况下,农户从事旅游人数越多,可投入农业生产的劳动力就更少,其选择"不变"生产的意愿更弱,选择"放弃"生产的意愿更强。

旅游是否拉动了农业需求(X_{20})对乡村旅游地农户农业生产意愿具有显著影响。旅游是否拉动了农业需求(X_{20})在"4/1"模型和"3/1"模型中通过了5%统计水平的显著性检验,且系数为正。这表明,在其他条件不变的情况下,农户越认为旅游拉动了农业需求,其选择"扩大"生产的意愿更强,选择"放弃"生产的意愿更弱。旅游是否拉动了农业需求(X_{20})在"2/1"模型中通过了10%统计水平的显著性检验,且系数为负。这表明,在其他条件不变的情况下,农户越认为旅游没有拉动农业需求,其选择"减少"生产的意愿更强,选择"放弃"生产的意愿更弱。

4. 政策感知因素的影响

从回归结果(见表5-7)显示,对农业基础设施投入与建设政策评价(X_{24})对乡村旅游地农户农业生产意愿具有显著正向影响。对农业基础设施投入与建设政策评价(X_{24})在"3/1"模型和"2/1"模型中分别通过了10%、1%统计水平的显著性检验,且系数均为正。这表明,在其他条件不变的情况下,农户对农业基础设施投入与建设政策评价越高,其选择"不变"或"减少"生产的意愿更强,选择"放弃"生产的意愿更弱。

对农业补贴政策评价(X_{27})对乡村旅游地农户农业生产意愿具有显著正向影响。对农业补贴政策评价(X_{27})在"3/2"模型中通过了5%统计水平的显著性检验,且系数为正。这表明,在其他条件不变的情况下,农户对农业补贴政策评价越高,其选择"不变"生产的意愿更强,选择"减少"生产的意愿更弱。

对土地流转政策和做法评价(X_{31})对乡村旅游地农户农业生产意愿具有显著负向影响。对土地流转政策和做法评价(X_{31})在"4/1"模型和"3/1"模型中均通过了5%统计水平的显著性检验,且系数均为负。这表明,在其他条件不变的情况下,农户对土地流转政策和做法评价越高,其选择"扩大"或"不变"生产的意愿更弱,选择"放弃"生产的意愿更强。对此的解释是,完善的土地流转政策,更能够保障农户的合法权益,让农户放心将自家的土地流转出去。

对防灾救灾政策和手段评价(X_{34})对乡村旅游地农户农业生产意愿具有显著正向影响。对防灾救灾政策和手段评价(X_{34})在"4/1"模型和"3/1"模型中均通过了10%统计水平的显著性检验,且系数均为正。这表明,在其他条件不变的情况下,农户对防灾救灾政策和手段评价越高,其选择"扩大"或"不变"生产的意愿更强,选择"放弃"生产的意愿更弱。

表5-7 乡村旅游地农户农业生产意愿的多项 Logistic 模型估计结果(政策感知因素)

自变量	4/1	3/1	2/1	4/2	3/2	4/3
	$Exp(\beta)$	$Exp(\beta)$	$Exp(\beta)$	$Exp(\beta)$	$Exp(\beta)$	$Exp(\beta)$
对农业基础设施投入与建设政策评价(X_{24})	1.529	4.163*	9.515***	-0.501	-0.438	1.146
	(0.09)	(3.60)	(3.99)	(-0.34)	(-0.70)	(0.03)

续表

自变量	4/1	3/1	2/1	4/2	3/2	4/3
	$Exp(\beta)$	$Exp(\beta)$	$Exp(\beta)$	$Exp(\beta)$	$Exp(\beta)$	$Exp(\beta)$
对农产品价格调控政策评价(X_{25})	-0.249	-0.481	1.348	-0.185	-0.357	-0.518
	(-0.96)	(-0.30)	(0.028)	(-1.18)	(-0.51)	(-0.46)
对农业技术投入和推广政策评价(X_{26})	6.947	2.029	1.916	3.626	1.059	3.243
	(1.82)	(0.41)	(0.25)	(0.85)	(0.04)	(1.06)
对农业补贴政策评价(X_{27})	0.570	1.252	-0.432	1.320	2.898**	0.455
	(0.44)	(0.10)	(-1.10)	(0.15)	(4.03)	(1.65)
对旅游反哺农业的政策和做法评价(X_{28})	3.997	1.140	1.119	3.572	1.019	3.506
	(1.27)	(0.02)	(0.01)	(1.57)	(0.00)	(2.14)
对农资市场管理手段评价(X_{29})	0.000	0.000	0.000	-0.064	-0.053	-0.233
	(0.00)	(0.00)	(0.00)	(-1.50)	(-4.75)	(-0.93)
对中介服务组织建设评价(X_{30})	8.578	2.866	2.033	-0.248	1.410	2.992
	(2.16)	(0.69)	(0.27)	(1.12)	(0.16)	(1.302)
对土地流转政策和做法评价(X_{31})	-0.068**	-0.084**	-0.198	-0.344	-0.422	-0.815
	(-4.66)	(-4.83)	(-1.64)	(-1.13)	(-1.17)	(-0.07)
对农业保险政策评价(X_{32})	2.248	2.189	1.787	1.258	1.225	1.027
	(0.73)	(0.94)	(0.01)	(0.07)	(0.11)	(0.00)
对农业贷款政策评价(X_{33})	0.997	-0.706	-0.970	1.028	-0.729	1.411
	(0.00)	(-0.16)	(-0.01)	(0.00)	(-0.20)	(0.24)
对防灾救灾政策和手段评价(X_{34})	0.117*	0.144*	0.405	0.290	0.356	0.815
	(2.85)	(2.81)	(0.52)	(1.80)	(2.17)	(0.08)

注：自变量中，"1"表示"放弃"；"2"表示"减少"；"3"表示"不变"；"4"表示"扩大"；4/1 $Exp(\beta)$表示"扩大"组相对参照组"放弃"的发生比率，其他类同；*、**、***分别表示10%、5%、1%的显著性水平，括号内为Z统计值。

另外，户主年龄(X_2)、户主文化程度(X_4)、家庭总收入(X_6)、是否有生产性贷款(X_{10})、是否参加过农业技术培训(X_{11})、是否参加合作经济组织(X_{12})、近三年自然灾害损失程度(X_{14})、旅游是否提高了农业附加值(X_{21})、旅游是否限制了农业生产自由(X_{22})、游客是否干扰了农业生产

(X_{23})、对农产品价格调控政策评价(X_{25})、对农业技术投入和推广政策评价(X_{26})、对旅游反哺农业的政策和做法评价(X_{28})、对农资市场管理手段评价(X_{29})、对中介服务组织建设评价(X_{30})、对农业保险政策评价(X_{32})、对农业贷款政策评价(X_{33})等17个变量未通过检验,有待今后进一步研究。

第二节　乡村旅游地农户农业生产行为
影响因素的 PRA 分析

一、农户愿意生产的原因分析

从表5-8看,乡村旅游地农户愿意继续从事农业生产的原因和动机多样。按照农户代表的评价结果,综合排名第一的原因是"自家消费需要",其中有73.9%的农户将其排名第一,10.5%的农户将其排名第二,3.5%的农户将其排名第三,综合得分2.462;而且大部分农户表示自家农产品更有安全感。

表5-8　农户愿意继续从事农业生产的原因

原因	排名第一		排名第二		排名第三		综合得分
	样本数/户	百分比/%	样本数/户	百分比/%	样本数/户	百分比/%	
自家消费需要	85	73.9	12	10.5	4	3.5	2.462
为了基本生活保障	8	7.0	38	33.0	25	21.7	1.087
旅游需要农业景观	10	8.7	28	24.3	33	28.7	1.034
搞旅游,农产品好卖	7	6.1	31	27.0	20	17.4	0.897
维持传统习惯	5	4.3	4	3.5	15	13.0	0.329
获取补贴和奖励	0	0.0	2	1.7	18	15.7	0.191

数据来源:根据本课题组的PRA调查资料整理而得。即在23个乡村旅游地分别选取5个代表共115人进行深度访谈和座谈。通过开放式提问和讨论,获取若干个影响因子,然后由参与代表从中选取3个因子并进行排序。最后按照"排名第一"得3分、"排名第二"得2分、"排名第一"得1分的标准,对各个影响因子进行加权统计得到综合得分。

综合排名第二的原因是"为了基本生活保障",其中有7.0%的农户将其排名第一,33.0%的农户将其排名第二,21.7%的农户将其排名第三,综合得分1.087。而且不少农户表示旅游发展抬高了当地的农产品价格,保持适当的农业生产可以缓解物价上涨带来的生活压力。

综合排名第三的原因是"旅游需要农业景观",其中有8.7%的农户将其排名第一,24.3%的农户将其排名第二,28.7%的农户将其排名第三,综合得分1.034。比如,婺源县为了发展花卉旅游,打造油菜花经济,大力引导农户种植油菜,并设立20万元油菜种植奖励专项基金,用于鼓励全县油菜种植,镇村和景区还出台相关政策鼓励农户大量种植油菜。目前全县种植油菜10万余亩,主要公路沿线两侧可视范围内油菜种植覆盖率达90%以上,金黄的油菜花与白墙黛瓦的徽派民居交相辉映,构成一幅幅唯美的天然画卷,吸引着来自四面八方的海内外旅游者,油菜花海也由此成为当地旅游形象的标志。婺源通过发展油菜花旅游,实现了生态农业与旅游的互动双赢。

综合排名第四的原因是"搞旅游,农产品好卖",其中有6.1%的农户将其排名第一,27.0%的农户将其排名第二,17.4%的农户将其排名第三,综合得分0.897。虽然大部分农户农业生产是出于自家消费需要,经济获利取向并不像旅游经营那样明显,但旅游发展带动了当地土特产品的销售,在一定程度上激发了农户农业生产的积极性,尤其是在种养品种、销售途径等方面农户主动迎合旅游发展需求。

综合排名第五的原因是"维持传统习惯",其中4.3%的农户将其排名第一,3.5%的农户将其排名第二,13.0%的农户将其排名第三,综合得分0.329。随着我国城镇化发展和旅游开发进程的加快,乡村旅游地的传统农业正在逐渐萎缩,但农户的农业生产仍然维持了一些传统习惯。例如,在婺源的调查发现,有一半的乡村旅游地农户饲养了"年猪",这是当地祖祖辈辈流传下来的习俗,每年腊月家家都要杀猪迎接新年,将猪肉馈赠亲友、招待客人以及腌制腊肉。

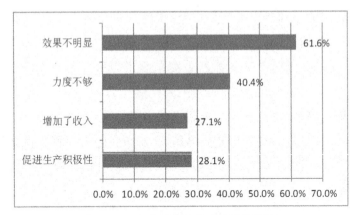

图 5-1　农户对农业补贴效果的评价

综合排名第六的原因是"获取补贴和奖励",其中没有农户将其排名第一,仅有 1.7% 的农户将其排名第二,15.7% 的农户将其排名第三,综合得分 0.191。而且农户对农业补贴的效果评价不高(见图 5-1),有 61.6% 的农户认为"效果不明显",有 40.4% 的农户认为"力度不够",而认为"增加了收入"和"促进生产积极性"的农户分别仅有 27.1% 和 28.1%。由此可见,农业补贴的发放对农户农业生产有一定的刺激作用,但是并没有形成一种长效的激励机制,农户农业生产意愿并未因此而表现十分明显。

二、农户不愿意生产的原因分析

表 5-9　农户不愿意继续从事农业生产的原因

原因	排名第一		排名第二		排名第三		综合得分
	样本数/户	百分比/%	样本数/户	百分比/%	样本数/户	百分比/%	
农业生产不挣钱	34	29.6	25	21.7	15	13.0	1.452
缺少劳动力	31	27.0	25	21.7	17	14.8	1.392
野生动物危害严重	29	25.1	21	18.3	21	18.3	1.302
缺少土地	17	14.8	20	17.4	20	17.4	1.140
缺少技术	4	3.5	14	12.2	18	15.7	0.506
搞旅游,没时间	0	0.0	10	8.7	24	20.8	0.382

数据来源:根据本课题组的 PRA 调查资料整理而得。计算方法同表 5-8。

从表 5－9 看,乡村旅游地农户不愿意继续从事农业生产的原因较为复杂。按照农户代表的评价结果,综合排名第一的原因是"农业生产不挣钱",其中有 29.6% 的农户将其排名第一,21.7% 的农户将其排名第二,13.0% 的农户将其排名第三,综合得分 1.452。虽然国家取消农业税、"三提五统",并且还提供农业补贴,有部分乡村旅游地还为农户提供农业奖励和补助,但并没有缩小农业生产与旅游经营之间的收入差距。而且随着农业生产成本的持续增长,农业生产的效益越来越低。以吉安市渼陂村梁某家为例,2014 年种植了 4 亩水稻,除去生产成本,纯收入 1800 元左右,远不及妻子在景区几个月摆摊的收入(见案例 MB03)。

案例 MB03:梁某,男,53 岁,初中文化,务农。家有人口 6 人,耕地 5 亩。2014 年种植了 4.1 亩水稻,总产量 4500 余斤收入 5200 元,加上农业补贴和奖励 200 元,总计收入 5400 元,除去种子、农药、化肥等农资成本 1600 元以及请人犁田、栽秧、收割等费用 2000 元左右外,纯收入总共 1800 元左右。耕种这 4 亩水稻花费了梁某全年大部分劳动时间,妻子在景区摆摊年收入可以达到 1.5 万元,而且远比种田轻松。梁某为此心理落差很大,决定减少农业生产,投入更多精力从事旅游经营。

综合排名第二的原因是"缺少劳动力",其中有 27.0% 的农户将其排名第一,21.7% 的农户将其排名第二,14.8% 的农户将其排名第三,综合得分 1.392。虽然旅游发展吸纳了不少劳动力留在本地,但农户家庭劳动力规模小,户均仅有劳动力 3.29 人,在劳动力资源的约束下,农户往往选择旅游经营,而不得不放弃或减少农业生产。

综合排名第三的原因是"野生动物危害严重",其中有 25.1% 的农户将其排名第一,18.3% 的农户将其排名第二,18.3% 的农户将其排名第三,综合得分 1.302。由于旅游比较利益弱化了乡村旅游地农户土地经营的经济理性,同时旅游发展又强化了退耕还林政策的落实,使得农村生态环境得到了极大的改善,野生动物数量明显增加,严重危害了农户的农作物生产。据统计(见图 5－2),有 31.8% 的农户的农业生产遭受了野生动物危害,尤其是野猪对农作物的破坏极大。例如,龙虎山熊家村熊某家在山脚下播种了 3 亩花生,正当花生发芽长苗时却遭受了野猪严重的翻拱,结果造成当年花生几乎绝收,最后不得不将这片耕地长期撂荒。

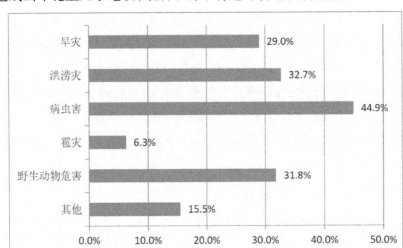

图 5-2　农户遭受的主要农业灾害

综合排名第四的原因是"缺少土地",其中有 14.8% 的农户将其排名第一,17.4% 的农户将其排名第二,17.4% 的农户将其排名第三,综合得分 1.140。据统计数据显示(见表 3-12),乡村旅游地农户平均占有耕地面积 3.8 亩,人均耕种面积仅有 0.5 亩。而小规模的土地资源和低效益的农业生产,严重挫伤了农户的生产积极性,使其仅能停留在维持口粮的状态;即使有部分农户有心扩大农业生产,也无力承担高额的土地流转费用。仅以新余市彩色村为例,每亩土地的流转价格 500 元左右(而周边非旅游地仅为 200~300 元),若以转入的土地种植水稻、花生等普通作物必然亏损。

综合排名第五的原因是"缺少技术",其中 3.5% 的农户将其排名第一,12.2% 的农户将其排名第二,15.7% 的农户将其排名第三,综合得分 0.506。为了迎合旅游转型升级以及农业市场化的趋势,乡村旅游地必然要发展休闲农业和特色农业,这对农户提出了更高的技术要求。而当前农户普遍存在文化水平低、农业技术缺乏等问题。因此,提高农业技术是解决乡村旅游地农户农业生产增产增收的必然途径。

综合排名第六的原因是"搞旅游,没时间",其中没有农户将其排名第一,仅有 8.7% 的农户将其排名第二,20.8% 的农户将其排名第三,综合得分

0.382。旅游业与农业均具有较强的季节性,而且乡村旅游发展主要依托农业景观,因此旅游经营与农业生产之间往往存在一定的时间冲突。例如被誉为"中国白莲第一村"的广昌县姚西村,每当7、8月份白莲盛开的时候,旅游者蜂拥而来赏莲,而此时也正是最忙碌的采莲时节,从事旅游经营的农户往往顾此失彼,忙得不可开交。在生产经营效益的权衡比较下,不少农户选择放弃或减少白莲种植,也有部分农户直接将莲池转包出去或雇人经营。

三、影响因素综合分析

乡村旅游地农户农业生产行为影响因素的多项 Logistic 回归分析表明,户主性别、户主职业、家庭人口数、劳动力人数、是否有人外出打工、拥有耕地规模、近三年农业收益变化、是否参加农业保险、所属阶段类型、所属空间类型、是否旅游农户、从事旅游人数、旅游是否拉动了农业需求、对农业基础设施投入与建设政策评价、对农业补贴政策评价、对土地流转政策和做法评价、对防灾救灾政策和手段评价等因素对乡村旅游地农户农业生产意愿具有显著影响。具体而言,男性户主农户偏好于"放弃"生产,女性户主农户偏好于"不变"生产;非农户主农户偏好于"扩大"或"不变"生产,务农户主农户偏好于"放弃"或"减少"生产;有人外出打工的农户偏好于"放弃"生产,没有人外出打工的农户偏好于"减少"生产;参加农业保险的农户偏好于"减少"生产,未参加农业保险的农户偏好于"扩大"或"不变"生产;成熟地农户、景区农户、旅游农户偏好于"减少"或"不变"生产,成长地农户、景郊农户、非旅游农户偏好于"扩大"或"放弃"生产;认为旅游拉动农业需求的农户偏好于"扩大"或"不变"生产,认为旅游没有拉动农业需求的农户偏好于"放弃"生产;农户家庭人口越多,"扩大"生产的意愿越强烈;农户劳动力越多,拥有耕地越多,对防灾救灾政策和手段评价越高,"扩大"或"不变"生产的意愿越强烈;农户农业收益越增加,"扩大""不变"或"减少"生产的意愿越强烈;农户从事旅游人数越多,对土地流转政策和做法评价越高,"放弃"生产的意愿越强烈;农户对农业基础设施投入与建设政策评价越高,"不变"或"减少"生产的意愿越强烈;农户对农业补贴政策评价越高,"不变"生产的意愿越强烈。

　　乡村旅游地农户农业生产行为影响因素的 PRA 分析表明,乡村旅游
地农户愿意继续从事农业生产的原因和动机多样,按照农户代表的评价结
果,依次是自家消费需要、为了基本生活保障、旅游需要农业景观、搞旅游
农产品好卖、维持传统习惯、获取补贴和奖励等;乡村旅游地农户不愿意继
续从事农业生产的原因较为复杂,按照农户代表的评价结果,依次是农业
生产不挣钱、缺少劳动力、野生动物危害严重、缺少土地、缺少技术、搞旅游
没时间等。

表 5 - 10　乡村旅游地农户农业生产行为影响因素综合比较

影响因素	Logistic 模型分析结果	PRA 分析结果
家庭禀赋因素	劳动力人数	缺少劳动力(−)
	是否有人外出打工(−)	
	拥有耕地规模(+)	缺少土地(−)
	—	缺少技术(−)
家庭生活因素	家庭人口数(+)	自家消费需要(+)
		为了基本生活保障(+)
	—	维持传统习惯(+)
农业收益因素	近三年农业收益变化(+)	农业生产不挣钱(−)
旅游环境因素	所属阶段类型(+)	—
	所属空间类型	野生动物危害严重(−)
	是否旅游农户	搞旅游,没时间(−)
	从事旅游人数(−)	
	旅游是否拉动了农业需求(+)	搞旅游,农产品好卖(+)
	—	旅游需要农业景观(+)
政策引导因素	是否参加农业保险(−)	—
	对农业基础设施投入与建设政策评价(+)	
	对农业补贴政策评价(+)	获取补贴和奖励(+)
	对土地流转政策和做法评价(−)	
	对防灾救灾政策和手段评价(+)	

注：户主性别、户主职业这两个个体特征因子未纳入本表中比较。为了对比分析两种分析结果，将有显著影响的影响因子在本表中一一进行了对应排列。在 Logistic 模型分析结果中，（＋）和（－）分别表示正向影响和负向影响；在 PRA 分析结果中，（＋）和（－）分别表示积极影响和消极影响。

综合以上两种分析结果（见表 5－10）发现，乡村旅游地农户农业生产行为形成机制比较复杂，既受到家庭禀赋和生活需求的内在调配，还受到政策引导的外在调控以及农业收益的比较压力，更受到旅游环境的综合牵引。在家庭禀赋方面，乡村旅游地的土地、劳动力甚至技术推广相对缺乏，直接制约着当地农户的农业生产规模和经营效益。在生活需求方面，由于旅游业是一个高风险、脆弱性产业，当地农户不得不考虑基本生活保障和自家消费需要，甚至维持传统的生产生活习惯，他们愿意保留一定规模的农业生产。在农业收益方面，农业收益不稳定，尤其是与旅游经营比较，经济效益十分低下，使得当地农户农业生产的积极性受到极大损伤。在旅游环境方面，旅游发展对农户农业生产行为具有双重影响，一方面因旅游消费而催生的农产品供应以及农业景观生产大大拉动了农业需求，从而刺激农户农业生产的积极性；另一方面旅游经营又挤占了农业生产所需要的劳动力和时间，会阻碍农户农业生产的积极性；而且由于乡村旅游地的发展阶段以及空间类型不同，农业与旅游业的要素配置也不同，农户农业生产行为由此会产生差异；尤其值得关注的是，在旅游生态环境的保护下，野猪等野生动物在乡村旅游地迅速繁殖，导致农作物受到损害，成为影响当地农户农业生产积极性的重要因素。在政策引导方面，农业补贴和奖励、农业保险、土地流转、农业基础设施、防灾救灾等政策措施对农户农业生产行为起到了一定的调控作用，特别是在高度依赖景观作物发展旅游的乡村旅游地，农业补贴和奖励政策对当地农户的农业生产行为起到了较为明显的激励作用。由此可见，乡村旅游地农户农业生产行为是农户为适应旅游环境而有限理性[①]选择的结果。

---

　①　有限理性（Bounded Rationality）的概念最初是西蒙提出的，即人的行为"既是有意识地理性的，但这种理性又是有限的"，决策者在决策中追求"满意"标准，而非最优标准。

总之,在旅游环境的宏微观激励和约束下,生于斯长于斯的乡村旅游地农户,一只脚跨进旅游业内,另一只脚仍留在农业中;他们一边考量着"生财"之道,另一边盘算着"生活"之便。在产业匹配和生计平衡的过程中,他们不断地调适着自家的农业生产模式,并做出有限理性选择。

本章小结

乡村旅游地农户农业生产行为影响因素的多项 Logistic 回归分析表明,户主性别、户主职业、家庭人口数、劳动力人数、是否有人外出打工、拥有耕地规模、近三年农业收益变化、是否参加农业保险、所属阶段类型、所属空间类型、是否旅游农户、从事旅游人数、旅游是否拉动了农业需求、对农业基础设施投入与建设政策评价、对农业补贴政策评价、对土地流转政策和做法评价、对防灾救灾政策和手段评价等因素对乡村旅游地农户农业生产意愿具有显著影响。

乡村旅游地农户农业生产行为影响因素的 PRA 分析表明,自家消费需要、为了基本生活保障、旅游需要农业景观、搞旅游农产品好卖、维持传统习惯、获取补贴和奖励等因素对乡村旅游地农户农业生产意愿具有积极影响;农业生产不挣钱、缺少劳动力、野生动物危害严重、缺少土地、缺少技术、搞旅游没时间等因素对乡村旅游地农户农业生产意愿具有消极影响。

综合以上两种分析结果发现,乡村旅游地农户农业生产行为是农户为适应旅游环境而有限理性选择的结果,既受到家庭禀赋和生活需求的内在调配,还受到政策引导的外在调控以及农业收益的比较压力,更受到旅游环境的综合牵引。

第六章　乡村旅游地农户农业生产
行为的效应分析

在当前我国"农户国情"下,农户作为最基本、最主要的农业生产单位,其农业生产行为不仅决定着乡村旅游地的乡村性本质能否有效保护,而且深刻地影响着乡村旅游地的可持续发展。本章分别从积极性和消极性两个方面分析乡村旅游地农户农业生产行为的影响效应。

第一节　乡村旅游地农户农业生产行为的积极效应

一、维持原材料供应和土特产品生产

当前,旅游发展已经成为我国乡村振兴发展的新动能和新方向,对乡村地区经济社会发展起到了积极作用。但不可忽视的是,旅游发展也会对乡村社区的产业结构带来不利影响,即大量青壮年弃农从事旅游业,而带来农副业生产的衰退,但旅游业反而扩大了对农副产品的需求。因此,乡村旅游发展过程中,如果管理不善,可能导致旅游业取代农业,成为新的单一产业,这同样是乡村经济活动的不持续,因为旅游业本身存在着危险(查尔斯·R. 格德纳等,2008)。而且,由于当地旅游开发能力不足,不得不引入外来企业进行投资开发,而外来企业往往以追求利益最大化为目标,从外面带来资金、技术、人才和管理理念,并没有充分吸纳当地企业和

农户参与进来,使得旅游收益大量流出本地,乡村旅游地最终陷入"飞地化"的困境(邹统钎,2006)。作为乡村旅游地不可缺失的经济主体,广大农户默默坚守乃至积极投入农业生产,不仅为自家保留了部分生活需要的农产品,而且为当地旅游发展维持着原材料的供应和土特产品的生产,对于减缓或规避旅游"飞地化",推动产业链本地化①起到了积极作用。

　　由于自身条件和外界信息的限制,我国农户生产的农产品普遍难以直接进入消费者手中,而是经过批发商和零售商等中间环节,即使有些农户绕过批发商直接去城镇农贸市场上销售农产品,也要花费较大的运输成本和人力成本。而不少生活在乡村旅游地的农户则可以就近对接旅游市场,将自己生产的农产品供应于旅游接待,有的将农产品出售给当地的旅游餐饮企业,有的用作自家餐饮经营供旅游者消费,有的将土特产品直接出售给旅游者。从我们调查的数据来看(见图6-1),虽然有41.1%的农户出于自家生活需要,生产的农产品并"不出售,全部自留",但是还有21.3%的农户将农产品"大部分出售游客",有31.1%的农户将农产品"小部分出售游客"。显而易见,当前广大农户仍然是我国乡村旅游地原材料供应和土特产品生产的重要主体。

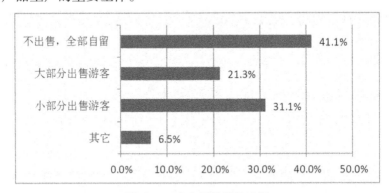

图6-1　农产品的销售途径

乡村旅游地农户通过直接对接旅游市场,使当地在一定程度上实现了

① "产业链本地化"即在满足旅游者吃、住、行、游、购、娱需求中尽可能利用本地原材料和人力资源,以旅游业为龙头优化配置相关产业,在本地生产和销售产品,形成完整的产业链,实现最大限度的当地参与,使旅游收益最大程度地留在本地,有效安置当地居民的就业(邹统钎,2006)。

农产品的供应"本地化"以及销售"在地化",即农户只要坐在家中店内、站在田间地头,就能轻松出售自己的农产品。这样不仅减少了农产品的中间销售环节,降低了销售成本,而且使农户能够在最短的时间内得到现金收入,及时掌握市场反馈的消费需求信息,从而使农产品更加适销对路。比如,农户利用农业生产空间发展观光、采摘、教育、康养等旅游体验项目,利用当地的特色农产品加工包装成出售给旅游者的土特产礼品,大大增加了农产品的附加值,有效促进了农业生产的多元增值,从而提高了农业生产的比较效益。此外,农户通过开办农家乐、餐馆、小吃店等,使用自家或本地出产的蔬菜、禽肉、水产等农产品,不仅降低了旅游经营成本,而且给那些没有直接参与旅游经营的农户提供了就业和挣钱机会,使他们享受到当地旅游发展带来的红利。综而言之,乡村旅游地农户通过农业生产,为当地旅游发展维持了一定的原材料供应和土特产品生产,这不仅有助于克服乡村旅游地农产品供求不一致的进入困难,还可以减轻农户收入过低的退出压力,从而保障农户能更顺利地进入旅游产业链,并从中获取更多的旅游收益。

二、促进农业景观生产和乡村性保护

农业景观是人类改造自然后的景观,以农业生产为主,涵盖农业生产所衍生的各类耕地、林地、乡村聚落、农田水利等景观元素(王堞凡,2017),其特质性是农耕活动千百年演变积累下来的人地关系,表现为所在地域自然环境特征与人文地理特征叠加的土地形态,是具有生产、生活、生态"三生"功能的景观系统(冯娴慧等,2012)。我国幅员辽阔,农业历史悠久,农业景观多种多样,从北方的旱地农业景观到南方的圩田农业景观,从山区的梯田农业景观到西北地区的砂田农业景观,无不凝结着广大农户千百年来的农耕智慧和汗水。农户创造的原生态农业景观是乡村性表达最具代表性的元素,也是最吸引城市居民的优势所在,其蕴含的自然和文化多样性是乡村旅游开发的活力源泉。改革开放以来,随着我国工业化和城镇化的快速推进,工业和城市用地的急剧扩张极大地蚕食了农村广袤的土地资源,农业景观正遭受着前所未有的冲击和破坏,严重威胁着乡村旅游赖以发展的乡村性本质。作为农业景观特别是传统农业景观乃至农业文化遗产的主要创造者,广大农户坚守农业生产对于促进乡村旅游地的农业景观生产和乡村性保护无疑具有重要现实意义。

(一)农户是乡村旅游地农业生产景观的创造者

农业景观首先是农业生产景观,它主要由劳动对象、劳动主体和劳动工具这三部分组成(张敏,2004)。从劳动对象来看,农户通过劳动作业,种植了种类繁多的粮食作物、经济作物、园艺作物、饲料作物、药用作物等农作物。这些农作物在自然环境、地形地貌、气候等条件的影响下,不仅形成了形态各异、色彩丰富的农作物景观,而且造就了富有生态美学价值的农田斑块和廊道,成为乡村旅游地的核心吸引物。近年来,各地为了迎合旅游发展,大力引导农户成片种植油菜、荷花、向日葵、薰衣草、百合、马鞭草等特色农作物,并通过大地艺术形式进行大面积构图以及色彩运用,打造了一片片色彩艳丽、主题鲜明的农田景观,吸引着来自四面八方的旅游者,农田景观也由此成为当地旅游形象的标志。此外,动物也是农业景观不可缺少的物质构成元素。我国农业景观中的动物非常多,常见的有蚯蚓、蚂蚁、螳螂、蜗牛、蜜蜂、蝴蝶、青蛙、老鼠、蛇、白鹭、麻雀、黄鼠狼等,它们大多栖息于田间地头,对于丰富农业生态环境有着重要的意义。特别是农户饲养鸡、鸭、鹅、兔、猪、牛、羊、马等家禽家畜,或奔走在村舍内外,或游弋在田塘之中,构成了一幅幅生动的农家生活画面。它们不仅可以为旅游者提供美食享受,而且以其色彩、习性、形态等特色元素,增加旅游者农业休闲的体验性和趣味性,那些由家畜参与的农耕、运输、灌溉、加工等劳作生产场面,更是一道颇受旅游者青睐的难得画卷。

从劳作主体来看,农户不仅坚守着自己的生产生活模式,而且展示了各自的地域人格和民俗风情,一个农户就是一道美丽的乡土景观,特别是那些"守旧"和"守业"的农户更是成为旅游者摄影、写生的重要素材和形象符号。可以说,作为农业生产主体的农户已经成为旅游者凝视的对象,也是乡村旅游地不可或缺的农业景观。从劳动工具来看,从古到今农户创造了诸多的劳动工具,特别是传统的农业用具,比如犁、耙、锄、铲、杵、斧等耕作工具,镰、刀、风车、人力打谷机等收获工具,扁担、独轮车、马车、牛车等运输工具,石磨、辘轳、桔槔、翻车、筒车等灌溉工具,无不闪耀着人类智慧的光芒,也展示了传统农耕的美学价值。现今,农业用具已经成为乡村旅游地农业景观特有的构成元素,为旅游者了解农业历史文化以及体验农耕生活提供了真实媒介和难得机会。

(二)农户是乡村旅游地农业生活景观的展示者

农户既是农业生产者,还是生活的创造者,他们在长期的农业生活实践中,创造了丰富多彩的农业生活景观,展示了乡村鲜活的生活形态。农户创造的农业生活景观,除了他们的生活居所和村落建筑外,主要表现为传统农业生产生活中遗留下来的那些别有情致的生产工艺、表演艺术、民间习俗等行为景观,涉及乡村的社会、经济、宗教、政治等各个方面,是地域性景观中重要的文化特质(李越群,2009)。在乡村旅游地,农业生活景观被赋予了丰富的文化内涵,并采用艺术展演的形式,将乡村生活美学呈现在旅游者面前。比如农户为满足自己的生活需要而制作的草席、斗笠、竹篮、鱼篓、茶具、家具、香包、刺绣、鞋垫、布偶、玩具等形形色色的工艺品,充满了浓厚的乡土特色,是旅游者最为喜爱的伴手礼和纪念品。又如为了表达对农业生活的美好期望和丰收喜悦,各地农户还会举办各种各样的习俗活动,如鞭春牛、开秧门、祭田神、新米节、斗牛节、开渔节、谢神戏等,这些充满生活气息的农业民俗被当地充分发掘,在保护与传承的基础上进行舞台展演,有的还直接被打造成现代旅游节庆,成为乡村旅游地的特色旅游项目,例如江西婺源篁岭的晒秋、浙江舟山的开渔节、云南元阳哈尼梯田的插秧节等。

(三)农户是乡村旅游地农业生态景观的营造者

农业生态景观是整体、协调、循环、再生思想体现的人工生产生态系统,代表一个区域或者国家千百年来对土地的实用形态,甚至是永续利用的生态形态(冯娴慧等,2012)。我国是传统的农业大国,农业生态景观多样,农业文化遗产丰厚,例如云南元阳哈尼梯田系统、浙江青田稻鱼共生系统、江西万年稻作文化系统、内蒙古敖汉旱作农业系统、江苏兴化垛田传统农业系统等,已成为我国乡村旅游的亮丽名片和特色品牌。这些农业生态景观蕴含着深刻的生态理念和人文特质,凝结了历代农户的辛勤汗水和聪明智慧。当前一些地方的农业生产者以获利增收为目的,对农业资源进行过度开发,滥用化肥、农药、饲料和激素,造成农业生态系统破坏,从而改变了当地农业景观的特质性。而在乡村旅游地,大部分农户逐渐认识到生态环境是发展旅游的重要资本,具有"绿色"稀缺性,他们出于自家生活的需要以及旅游景观环境的营造,秉承更多的是生活理性和生态理性。他们积极绿化、美化自己的庭院和农园,积极从事生态农业、循环农业乃至景观农业,减少或取消化肥、农药、饲料、激素的投入,甚至为了保护旅游生态环境而大力支持退耕还林、还湖,成为当地农业生态景观的营造者和保护者。

三、调节农旅融合的时空布局

乡村旅游在本质上是旅游业和农业间彼此延伸融合的产物(杨阿莉,2011),是二者相互交叉、渗透,通过资源融合、技术融合、功能融合、市场融合、资本融合、人才融合、组织融合等路径,逐步形成新兴产业的动态发展过程(刘霞,2016)。通过农业与旅游业融合(以下简称农旅融合),不仅有利于解决乡村旅游地农业和旅游业自身的瓶颈问题,而且促使产业链延伸整合,创造新的产品与业态,实现产业的价值增值(杨振之,2011)。但同时也应看到,由于乡村旅游地在地理环境、资源禀赋、旅游发展、社区参与等诸多方面存在差异,使得农旅融合容易失去平衡态:在空间上分布不均匀,在时间上发生冲突,从而影响融合作用力的发挥。而秉承生活理性的乡村旅游地农户默默坚守着农业生产,有的还同时从事着旅游经营,对农旅融合的时空布局起到一定的调节作用。主要表现在以下几个方面:

(一)有助于丰富旅游景观空间

正如上文所述,农户是乡村旅游地农业景观的创造者,他们往往按照自己的生产生活逻辑以及地方性知识,创造丰富的农业生产景观,展示鲜活的农业生活景观,营造神奇的农业生态景观。特别是那些位处景区外围、旅游公路附近乃至"野态"景点内的"边缘"农户,虽然没有充分参与旅游经营,甚至跟旅游利益毫不沾边,但客观上还是为当地旅游发展奉献了一道道亮丽的农业景观,使得乡村旅游地以"低成本"实现了旅游景观空间的"高效率"拓展。而且与那些"强规划""重包装"的旅游景观比较,农户创造的这些农业景观更加自然生动、更富有乡土味,正是对前者的原真性补充和活态化点缀,也是对当地乡村性本质的最强表达。如果将整个乡村旅游地的旅游景观空间比作一幅中国山水画的话,那么农户创造的农业景观就是这幅美丽画卷的写意基底和点睛之笔。

(二)有助于构建利益共享空间

旅游发展的根本目的应该是社区的发展(孙九霞,2009)。由于社区居民参与能力不足,社区经济基础又相对薄弱,在利益保障体系不健全以及监管机制缺位的情况下(刘宏芳等,2012),乡村旅游社区居民容易丧失旅游发展的话语权,进而导致他们资源权益受损,收益过低却承担着旅游开发的隐性成本(黄平芳,2012)。而且资源禀赋与产业聚集共同作用而形成强烈的磁场效应,使得乡村旅游地的利益空间出现不均衡的圈层布局。即以旅游景区(如某一村寨)为中心,向周围扩散,四邻社区以各种形式参与到旅游业之中,愈远影响愈弱,分享到的旅游利益亦愈少[①]。作为乡村旅游地重要的社区居民,农户通过从事农业生产活动,不仅可以满足自家生活需要,还可以为旅游业提供原材料供应和土特产品生产,从而获得更多旅游增收的动力和机会。尤其是那些远离了旅游磁场中心的农户,往往具有更多发展农业的资源条件,只要他们将自己的农产品对接好旅游市场,就可以获取更多的比较收益和递增的投入报酬,以及更多可供选择的旅游参与方式和机会(袁中许,2013)。这样就促使乡村旅游地紧紧围绕着旅游磁场中心,形成一种"旅游需求向外辐射"与"农业供给向内凝聚"的空间互补动力,从而逐渐构建起以社区发展为取向的利益共享

---

① 吴妍等(2009)也有类似的观点,认为乡村居民旅游收入受制于"住宅至旅游景点距离",即居住离旅游景点越远,旅游收入就越少。

空间。

(三)有助于调节淡旺季平衡

由于受到自然、社会和突发事件等因素的影响,农业和旅游业通常都是"靠天吃饭"的,均具有明显的季节性特征。其中,农业的季节性往往带来农业生产者在农忙与农闲之间的纠结;而旅游业的季节性则造成旺季的过剩需求和淡季的过剩供给之间的矛盾(李团辉等,2006)。农业和旅游业这两种产业交织在一起,使得乡村旅游地的季节性问题必然变得更加复杂。当农忙季与旅游旺季相重叠时,农户为了更高的旅游收益而不得不减少或放弃农业生产;当农闲季与旅游淡季相重叠时,农户要么"闲来无事",要么"外出谋生",对未来旅游经营和农业生产的信心都将产生负面影响。特别是以农业生产景观为主的农旅融合业态比较脆弱,集中而短暂的赏花期、采摘期,使得旅游景点存在"旺季过旺,淡季过淡"的现象。旺季时,旅游者人满为患,服务设施和生态环境难以承受旅游者的需求,环境不堪重负而遭破坏;淡季时,则旅游者稀少,大量设施闲置,造成资源的浪费,往往出现"淡季时没地方去、旺季时去了没地方"的尴尬局面。这种淡旺季的客源失衡,更是导致当地农户出现"忙几个月,闲大半年"的"潮汐"现象,其收益也因此充满了风险,往往陷入"欢笑短,忧愁长"的境地。但不可忽视的是,乡村旅游地农户仍然具有中国小农的精明和理性,他们会根据旅游发展环境灵活安排农业生产,调节农旅淡旺季平衡。比如婺源县农户就采用了农旅结合的油菜—水稻轮作模式,做到农闲搞旅游,农忙搞农业,农旅两不误,巧妙地实现了农闲季与旅游旺季、农忙季与旅游淡季的有机融合。通过调节乡村旅游地农业和旅游业的淡旺季平衡,农户不仅充分利用了闲余劳动时间,并有效增加了家庭收益,而且为当地旅游发展和农业生产留住了大量劳动力。

第二节　乡村旅游地农户农业生产行为的消极效应

任何事物均具有两面性,乡村旅游地农户农业生产行为亦然,在带来积极效应的同时,必然带来消极效应。

一、造成生产效率损失

随着旅游开发的逐步推进,乡村旅游地土地利用逐渐向旅游功能转化,农业结构也随之发生调整,农户土地经营规模必然缩小。据我们调查的数据显示(见表 3 – 12),乡村旅游地农户户均耕种面积 2.7 亩,人均耕种面积仅有 0.5 亩,土地细碎化问题非常突出。而土地细碎化会显著降低农业规模化生产,对农业生产效率产生负面影响(Rahman S. et al. ,2009)。主要表现在以下几个方面:

(一)增加农业生产成本

当前农户农业生产投入成本主要包括租地、种子、农药、化肥、水电费、机械人工费、柴油、农膜等。农地细碎化程度高,会增加机械耕地和抽水等的作业时间及机械损耗,从而增加农业机械投入(Rahman S. ,2010;Laure L. et al. ,2014)。由于乡村旅游地土地细碎化程度更高,而且农户需要摆脱繁重的农业劳动,以腾出更多精力从事旅游经营,因此愿意在机械和人工(几乎都是花钱雇佣)上投入较高成本。以婺源县为例(见表 3 – 11),油菜种植成本平均每亩约为 305 元,其中人工费每亩约 120 元,机耕费每亩约 100 元,两项成本比重达到 72.2%。而且土地过于分散、细碎,会造成生态系统的不稳定,可能会产生土地退化等问题(Darla K. M. et al. ,2005),使农户在施用化肥时造成不必要的浪费(Wan G. H. et al. ,2001),也在无形中增加了农户日常田间生产和管理的时间成本。

(二)阻碍农业技术推广

农业技术推广是扩大农业生产规模、提高农业生产效率的关键因素。耕地细碎化的现状使得农机使用处于“进退维谷”状态,增加了机械化费用,阻碍了农业技术的推广(王军强等,2014)。与此同时,传统的精耕细作农业生产技术可能逐渐消失(修孟源,2012)。大部分乡村旅游地农户从事农业生产,并不主要以获利增收为目的,而是为了满足自家生活需要,因此不再追求高产,对农业新技术的采纳和投入比较谨慎和保守。即使生产过程中遇到技术问题,他们或通过"自己解决",或"请教有经验的村民",很少"找当地农技员",也很少参加农业技术培训(见表 3 - 16、表 3 - 19)。

(三)影响农业资本和劳动力投入

大部分乡村旅游地农户由于农业生产规模不大,加上农业生产比较效益低下,无意进行扩大农业生产,因此对农业生产的资金投入非常有限,很少有为农业生产而借贷的情况(见表 3 - 10)。即使他们需要使用耕作机械,也宁愿向外租借或者机械连人一起雇佣,而不会花更多的钱去专门购置和维护。在劳动力投入上,乡村旅游地农户更是优先满足经济效益更高的旅游经营,故对农业生产的劳动力投入就非常"吝啬",平均每户投入1.68 个家庭劳动力,在旅游旺季时甚至不惜放弃农业生产,全员抽调到旅游经营之中。

由于以上负面效应的存在,导致乡村旅游地农户农业生产的规模效应降低以及效率损失,农户的农业收益总体偏低。以婺源县油菜生产为例,扣除生产成本(不含自家人工和土地成本),平均每亩收益仅有 415 元。在农户家庭收入中,农业收入比重较低,平均占比仅有 23.2%,几乎是旅游收入占比(46.2%)的一半(见表 6 - 1);而且有 66.9% 的农户的农业收入占比在 20% 及以下,仅有 6.7% 的农户的农业收入占比在 60% 以上(见表 3 - 3)。可以预见,在当前旅游转型升级的背景下,农户细碎化的农业生产,不但技术效率难以有效提高,而且农业比较效益将可能降低,会更加挫伤农户农业生产的积极性。因此,加快农户土地流转,鼓励农户适度规模经营,就成为乡村旅游地农业持续健康发展的必然选择。

表 6 - 1 农户家庭农业收入比重和旅游收入比重   单位:户、%

收入项目	样本数	极大值	极小值	众数	平均值	标准差
农业收入比重	703	100	5.0	10.0	23.2	20.0
旅游收入比重	481	95	1.0	30.0	46.2	24.1

数据来源:根据本课题组的问卷调查资料整理而得。

二、导致土地流转困难

土地是农业生产最基本的条件,也是乡村旅游赖以生存和发展的基础。在乡村旅游地,土地资源是非常有限和不可再生的,它既要满足旅游发展的优先需求,又同时要供应好农业生产。在当前我国"农户国情"背景下,乡村旅游地存在明显的土地细碎化问题,据我们的调查数据显示(见表3-12),农户自有耕地面积户均3.8亩、人均0.7亩,实际耕种面积户均2.7亩、人均0.5亩,土地过于分散、细碎对当地农业生产和旅游发展均存在负面影响。因此,土地流转势必成为破解当前乡村旅游地土地细碎化难题的关键。

蔡灵洁(2016)通过对权威数据的总结分析,发现土地流转进展与乡村旅游收入存在明显的正相关关系。在不考虑旅游者数量、旅游时间长短等其他因素的情况下,每增加1万亩土地流转数量,乡村旅游能够实现额外1230万元。同样,在摒除政府政策、区位影响以及经济水平等其他因素的影响下,乡村旅游收入每增加1亿元,则需要增加的土地流转数量为8.13万亩。由此可见,土地流转不仅关乎着乡村旅游地的农业生产效率,更会影响到当地旅游发展的乘数效应。

随着乡村旅游的迅速发展和农业的比较利益不断降低,越来越多的农村劳动力转向了旅游经营,为乡村旅游地的土地流转奠定了基础。我们调查发现(见表3-13),乡村旅游地农户的土地流转参与率达到51.3%,但土地转出的农户要远远多于土地转入的农户,另外还有48.7%的农户未参与土地流转,并存在明显的撂荒现象。可见,当前乡村旅游地的土地流转仍然面临诸多困难和障碍。

一方面,土地细碎化对农户土地转入决策产生负向影响,会减少土地流转市场的需求量(杨昭熙等,2017)。在调查的703户乡村旅游地农户中(见表3-13),转入土地的农户仅有32户,占全部样本农户的3.2%。这是因为:在乡村旅游地,土地细碎化会显著降低农户的农业规模化生产,增加生产成本,阻碍技术推广,影响资本和劳动力投入,造成生产效率损失;即使农户转入地块,如果没有成熟的保障机制和农产品市场,也难以实现规模经营和生产效率提高;而且在农业比较利益较低的情况下,农户更愿意投入旅游经营,而不愿意转入土地扩大农业生产规模。

另一方面,土地细碎化对农户土地转出决策产生多向影响,不会过多增加土地流转市场的供给量。在调查的703户乡村旅游地农户中(见表3－13、表3－15),虽然有338户(48.1%)农户转出了土地,但户均转出面积仅有2亩,而且未参与土地流转的农户有342户(48.7%),存在撂荒现象的农户有203户(28.9%),户均撂荒面积达到1.3亩。这与杨昭熙等(2017)的研究结论并不完全一致①。这是因为:乡村旅游地农户为了满足自家生活需要,并不愿意彻底放弃农业生产,而是坚持保留一定的土地规模,维持着他们亦农亦旅的生计模式;而且乡村旅游的发展赋予了乡村土地新的经济价值,使当地农户的土地意识迅速回归(张朝枝等,2009),在当前土地流转行为决策中成本太高以及未来的不确定性的情况下(王春安,2010),他们宁愿将自家的土地"撂荒"和请人"代耕",也不愿进行"变卖"和"转出",而是抱有土地"升值"的期望而慢慢坚守着。

三、陷入市场进入瓶颈

乡村旅游市场本身就是一个庞大的农产品消费市场,需要大量的农产品进入销售。乡村旅游地农户依靠就近优势,为当地旅游市场供应了自己生产的原材料和土特产品,但由于生产基础薄弱、技术信息落后、生产标准不高、品牌包装缺乏,导致他们生产的农产品进入旅游消费市场仍有诸多瓶颈,销售规模不大、品种不多、效益低下等问题依然突出。主要表现为如下几个方面:

(一) 管理机制瓶颈

管理机制障碍是制约农产品进入旅游消费市场的最大瓶颈,突出表现在:一是管理协同缺乏。农旅融合发展涉及政府多个部门,管理体制分散,

---

① 杨昭熙等(2017)认为,土地细碎化对农户土地转出决策产生正向影响,会增加土地流转市场的供给量。从细碎化的程度与农户土地转入意愿的关系来看,细碎化程度越高,转出意愿越高。

没有统一的牵头协调部门,难以形成推动农产品进入旅游消费市场的合力。二是规划引导缺乏。虽然各地已编制了若干相关发展规划,但缺少前瞻性、系统性的农旅融合发展专项规划,基本处于自我发展状态,导致产业布局不合理。农产品在旅游消费市场展销更处于"盆景"状态,随意性大,布局分散,规模小,影响力弱。三是资金合力缺乏。绝大部分资金分散在不同部门,难以发挥集聚效应。比如,旅游消费市场建设和管理涉及旅游、工商、农业、交通、国土等诸多部门,由于各部门的要求和标准不同,难以根据农产品进入旅游消费市场的需要进行配套投入,影响了资金使用效率。

（二）产品供给瓶颈

由于长期受小农经济意识的束缚,农户生产农产品还处于自发和分散状态,沿用传统方式多,采用先进标准少,农产品质量不高,外观不美,产量低下,缺乏市场竞争力。多数农产品是以初始形态进入市场,对产品的进一步整理分级、形态改变和深度开发上做得不够,更谈不上精细加工和保鲜保质处理。出于资金、技术、人力等方面的原因,所开发的农产品在产品包装、技术工艺、生产规模上还处在小、散、弱阶段,整体实力不强,产业化经营难度大,农产品深加工程度和产品附加值较低,品牌宣传力度不够,市场知名度和影响力不高。而且农产品生产与旅游业发展不相协调,多以鲜销为主,真正适合旅游者需要的加工产品则较少。

（三）供需信息瓶颈

目前,农户的农产品流通普遍存在组织化程度较低的现象,缺乏系统化的农产品信息收集、整理、发布体系,农产品生产、流通存在很大的信息局限性和盲目性,这在一定程度上影响了农产品进入旅游消费市场销售。主要表现在:一是专业合作经济组织、经纪人队伍发展尚处于起步阶段,其整体素质不高、组织化程度低、运作管理不规范,缺乏对旅游经济知识的较深了解和对旅游市场信息的搜集、分析、预测能力;二是各类农产品经营组织处于各自为营的格局,组织化程度低,导致农产品流通环节增多,降低了流转速度,抬高了成本,制约了农产品进入旅游消费市场;三是农产品销售市场存在的压低哄抬价格、倒卖优质农产品现象,直接影响了优质农产品在旅游消费市场的销售价格和声誉。

(四)场所进入瓶颈

从农产品销售的渠道来看,农户生产的大部分农产品还是集中在农贸市场。在农贸市场进行商品交换,农户基本不需要办理任何手续,直接销售。但是,在景区、酒店、餐馆、购物店等旅游消费场所销售农产品,需要经过严格挑选、精美包装、精心宣传,以及对展销场地、柜台以及销售人员都有特殊要求,进场手续远比农贸市场烦琐。对于农户而言,他们很难适应和接受这些严格和烦琐的进场手续。此外,农产品进场销售,有的还会遭遇收取通道费用的潜规则,如进场费、管理费、上架费、堆头费、DM(促销手册)费、年底返利、账期(提前结账)费、毛利补偿费、生鲜产品补损费等,从而影响了农户进入旅游消费场所销售农产品的积极性。

本章小结

本章在结合前文论述和相关文献的基础上,分别分析了乡村旅游地农户农业生产行为的积极效应与消极效应。

积极效应体现为:农户通过农业生产,不仅为自家保留了部分生活需要的农产品,而且为当地旅游发展维持着原材料的供应和土特产品的生产,对于减缓或规避旅游"飞地化",推动产业链本地化起到了积极作用;农户通过农业生产,创造丰富的农业生产景观,展示鲜活的农业生活景观,营造神奇的农业生态景观,促进乡村旅游地的农业景观生产和乡村性保护;农户通过农业生产,不仅有助于丰富旅游景观空间,而且有助于构建利益共享空间及调节淡旺季平衡,对于乡村旅游地农旅融合的时空布局起到一定的调节作用。

消极效应体现为:乡村旅游地农户在农业生产过程中存在明显的土地细碎化情况,会显著降低农户的农业规模化生产,增加生产成本,阻碍技术推广,影响资本和劳动力投入,造成生产效率损失;乡村旅游地土地细碎化对农户土地转入决策产生负向影响,会减少土地流转市场的需求量,而对农户土地转出决策产生多向影响,不会过多增加土地流转市场的供给量,导致土地流转困难;乡村旅游地农户由于生产基础薄弱、技术信息落后、生产标准不高、品牌包装缺乏,导致他们生产的农产品进入旅游消费市场困难,在管理机制、产品供给、供需信息、场所进入等诸多方面陷入瓶颈。

第七章　乡村旅游地农户农业生产行为的
调控机制构建

本章结合乡村旅游地农户农业生产行为影响因素及效应分析结果,构建乡村旅游地农户农业生产行为的激励机制和约束机制,并提出旅游反哺农户农业生产的政策建议,以期更加充分地发挥农户的主体作用,推动乡村旅游地可持续发展。

第一节　乡村旅游地农户农业生产行为的激励机制

激励机制主要用于激发和调动乡村旅游地农户积极从事农业生产,主要包括政策扶持、设施保障、服务对接和组织支持。

一、政策扶持

农业政策是根据一个国家国民经济发展的实力和需要,根据农业发展基础而制定的对一定时期发展具有指导作用和准行政效力的发展规划,也是用以确立农业生产、交换和分配的基础以及相关问题处理的一些基本规则。有效的农业政策安排可以通过改变农业生产要素配置的环境和相对价格而影响农业的发展方向和生产效率。(翁贞林,2009)改革开放以来,我国政府出台了一系列解决"三农"问题的支农惠农政策,有效推动了我国农业和农村稳步向前发展。农户是农业政策的需求者和实践者,他们对农业政策的认知和选择会影响其农业生产的微观决策行为(屈小博等,2009)。当前,在我国乡村旅游地,农户在农业方面依然知识缺乏、能力有限、信息不足,他们的农业经营规模较小,生产技术效率较低,抵御风险能力较弱,进入旅游市场能力较差,亟须在土地流转、农业补贴、教育培训等方面提供政策扶持和引导。

(一)完善土地流转机制

土地流转是破解当前乡村旅游地土地细碎化难题的关键。应尽快完善土地流转机制,引导农户有序流转土地。首先,落实农户承包地所有权、承包权、经营权"三权分置"。2016年10月,中共中央办公厅、国务院办公厅印发《关于完善农村土地所有权承包权经营权分置办法的意见》中明确指出:"农户享有土地承包权是农村基本经营制度的基础,要稳定现有土地承包关系并保持长久不变。不论经营权如何流转,集体土地承包权都属于农民家庭。"必须通过落实农村土地承包经营权登记颁证(简称土地确权),在法律上确认土地承包经营权的物权性质,赋予农户对土地的占有、使用、收益和有条件处置权,从而稳定农户对土地的收益预期(陈永志等,2007),提高农户参与土地流转的主动性和积极性。其次,构建社区分享旅游利益机制。在推动乡村旅游转型升级过程中,创造更多更好的旅游就业岗位和创业机会,吸引更多农户参与旅游经营,使更多的农户愿意转出土地,从而增加土地流转市场的供给量。再次,适度降低土地细碎化程度。结合土地平整和高标准农田建设等,引导农户自愿通过返租倒包、互换并地、退出土地承包权等方式,促进土地小块并大块和集中连片,以吸引更多的农户、农民合作社和家庭农场等农业经营主体转入土地开展规模经营,从而增加土地流转市场的需求量。最后,做好土地流转管理服务。通过建立完善土地流转管理服务组织,建立健全地价评估机制以及土地流转纠纷调解仲裁制度等,为依法稳妥规范推进农户土地流转搭建平台。

(二)创新农业补贴机制

农业补贴是一国政府对农业支持和保护政策体系中最主要的政策工

具(彭小辉,2014)。虽然农业补贴对我国乡村旅游地农户农业生产起到了一定的刺激作用,但由于现有农业补贴政策仍属于普惠性的,补贴标准不高,补贴形式单一,实施效率较低,对当地农户农业生产并未形成一种长效的激励机制。所以,必须根据当地旅游发展环境和农户的现实需要创新农业补贴机制。首先,适度提高补贴标准。由于旅游发展会挤占农户农业生产资源,甚至干扰他们正常的农业生产活动,从而增加农业生产的时间成本和机会成本,可以通过适度提高补贴标准对农户进行补偿和激励。其次,要分类实施,突出重点。在乡村旅游地,由于当地旅游发展阶段不同、所处旅游空间不同甚至所属类型不同,农户在旅游业和农业中的角色担当和权益诉求也就不同,农业补贴应该改变过去"一刀切"的做法,依据农户所处时空环境和农户所属类型进行分类实施。而且补贴要突出重点,可以采取贴息、奖补、风险补偿等多种方式,优先扶持那些为旅游发展贡献景观资源、提供原材料和土特产的农户。最后,建立健全追踪问效机制。目前有些乡村旅游地的政府部门对于农业补贴政策的实施过程缺少有效监管,对实施效果也缺少科学评估,从而影响了补贴政策实施的公平性和有效性,应该建立健全从事前考察到事中执行到事后评价的农业补贴长效监管机制和效果评估机制。

(三)健全农户培训机制

随着农业科技的不断更新,农业经营环境的日益多变,以及农业经营主体的多元对接,教育培训越来越成为现代农业发展不可缺少的一部分(陈莉等,2017)。然而在我国乡村旅游地,针对农户的教育培训机制不够完善,没有充分发挥提升农户发展能力的作用。基于当前乡村旅游地的农业发展需求以及农户教育培训现状,应该着手建立健全培训机制。其一,完善教学机制。通过设立基本的选择指标,对培训农户进行筛选和归类,按不同专业、不同产业、不同层级进行有针对性的培训。以培养职业农民为目标,开出系列培训菜单,由农户"看单点菜",确定培训内容。灵活运用面授辅导、操作示范、现场参观、田间学校等方式方法,积极运用公开的慕课、学习视频、微信公众号等,为农户提供更为便捷有效的教育培训服务。其二,建立保障机制。建立政府、企业、农户教育培训经费分担机制,设立专项教育培训基金,从而有效地解决教育培训经费短缺的问题。尝试整合涉农机构和高校建立专门的教育培训中心,发挥专家、农业大户、技术人员等专业人员的行业优势,为农户提供教育培训指导,增加教育培训活动的感召力和实用性。其三,健全组织机制。农户教育培训是一项涉及面广、行业性强的社会系统工程,需要建立科学的监管机制,统筹协调各相关部门合力推动。发挥部门联动机制,充实并稳定当地教育培训机构市场供给。充分调动一切可以利用的资源,引导和鼓励各级政府、各类学校、教育培训机构进行强强联合,形成多层次、多模式、多样化的教育培训体系。

二、设施保障

农业基础设施是农业生产必须具备的公共基础条件,也是农业现代化的先行资本(詹慧龙等,2015),对农业产出增长发挥着积极的促进作用(李燕等,2017),是农户农业增产增效的关键保障。按照功能属性差异,可将农业基础设施划分为三类(杨明月等,2009):第一类是防灾类基础设施,包括自然灾害防治设施和动植物疫病虫害防治设施;第二类是灌溉类基础设施,主要包括机井和其他小型农田水利等灌溉设施;第三类是技术类基础设施,包括节水灌溉、田间道路、平田整地、土壤改良、良种繁育和农业技术推广培训。近年来,在乡村旅游的促进作用下,我国乡村旅游地的农业基础设施建设取得了明显进展(唐代剑等,2009),但随着旅游环境的变化及农业经营方式的转变,农业基础设施不论是数量、质量还是结构都不能满足发展需要,不仅挫伤了农户农业生产的积极性,而且制约了农业和旅游业的深度融合发展。乡村旅游地的农业基础设施建设,应主动适应旅游发展新常态和现代农业发展新趋势,在规划建设、创新供给机制、健全管护机制等方面下功夫、做文章,为农户的农业生产和生计发展提供基础保障。

(一)围绕农旅融合需求,合理规划建设

随着乡村旅游的转型升级,农业与旅游业融合发展的趋势越来越明

显,作为原本主要服务于农业生产的农业基础设施,在满足农业生产需求的基础上,还要适应旅游发展的趋势,在规划建设中统筹考虑农旅融合发展的需要,增加能够满足农旅融合发展的要素和内容。应该站在乡村旅游地全局发展的高度,准确把握不同功能区域和不同发展水平下农业基础设施建设与服务需求的特点,做到布局合理、功能兼顾、要素整合、配套完备,使农业基础设施实现景观化、活态化、休闲化和产业化。应围绕旅游景区、游线通道、车站驿站、游船码头、游客集散中心等旅游空间和重要节点,在规划建设灌溉渠道、水库堤坝、水泵水车、水力风力发电、电线杆塔、机耕道路等设施时,应该将其作为旅游的功能要素进行综合考虑,尽量做到既美观又实用,在适当的地方还要设置垃圾箱、休息座椅、安全设施、监控设施等;在规划建设垃圾处理场、绿肥收集站、沼气池、化粪池等设施时,尽量利用花木景观和小品建筑遮挡负面视线,采用生物技术除臭去异味;在规划建设设施大棚、仓储库房、烘干厂房、育秧温室等设施时,可结合科普教育进行解说展示,结合农事体验设置活动项目;在推进农村土地整治、水田林路综合治理、高标准农田建设时,既要植入景观元素及配置休闲设施,还要保护好具有较高农业遗产价值的传统农田斑块及廊道。

（二）创新供给机制,调动多元主体参与

由于不同层级政府之间信息不对称,而且缺少相应的监督机制和需求表达机制,导致我国农业基础设施供给不足和错位,制约了现代农业发展（郭珍等,2014）。随着旅游比较利益的高涨,作为乡村旅游地农业生产"主力军"的农户普遍减少或放弃农业规模生产,对农业基础设施建设和管护的参与意愿不强烈（罗小锋,2012）,使得当地农业基础设施的供给动力更加不足。因此,要有效改善和提升乡村旅游地农业基础设施,就必须创新供给机制,引导和调动多元主体参与投资和建设。要优化政府政策供给,建立新型回报机制,落实财政贴息、先建后补、以奖代补以及投融资、税收等相关优惠措施,以提高各参与主体投资和建设农业基础设施的信心和获得感;推广以新型经营主体投资为主、银行贷款为补充、政府贴息补助为杠杆的"投贷贴"农业投资模式,减少政府对经营性农业基础设施建设的直接投资,推动依据市场规则配置资源,提高投资效率。探索农业基础设施投资的 PPP 模式[①],撬动社会资本进入农业基础设施建设和服务领域,有效降低政府投资负担与投资风险;还要通过科学的方法和制度,有针对性地开展农业基础设施建设与运行绩效评价工作,提高基础设施投资建设的综合效益。(詹慧龙等,2015)

(三) 健全管护机制,做好确权定责

在乡村旅游地,由于农业基础设施的投资回报率低,难以吸引到社会资本前来投资,其投资建设仍然主要依靠有限的国家财政支持,资金不足问题比较突出。而且农村"两工制度"早已取消,随着旅游比较利益的日益提高,农户参与农业基础设施建设的积极性正逐步下降。即使已建设好的农业基础设施,由于产权不够明晰、管护资金不足、管理主体错位及相关机制缺失等,使得管护责任难落实、管护机制难建立,从而造成"农业行业管不到、村社集体管不好、农民又管不了"的困境,制约了乡村旅游地农业基础设施的发展。因此,要解决这些制约因素,就必须健全农业基础设施管护机制,做到建管并重、持续发展。一方面,要对农业基础设施进行确权定股。即对基础设施建设项目进行资产评估,将设施资产作价折股,最后量化确权到每个相关利益主体,让他们以股份占有的形式成为"基础设施的主人",利益分配也按所占股份执行。另一方面,要为农业基础设施确定管护责任主体。按照"谁建设、谁受益、谁管护"的原则,搞活经营权,落实管理权,同时引导各责任主体成立专门的管护协会或相关的合作组织,负责农业基础设施的管护工作。通过这样确权定责,可以实现农业基础设施建、管、用和责、权、利的有机统一,从而在乡村旅游地建立起"平时有人管、坏了有人修、更新有保障"的农业基础设施长效管护机制(谢德体,2015)。

---

① 即政府与社会资本合作模式(Public - Private Partnership),该模式作为一种新兴的投融资模式,近年来在我国基础设施领域得以广泛运用和快速发展(张学昌,2016)。

三、服务对接

农业社会化服务是农户衔接现代农业发展的桥梁。改革开放以来近40年经验证明,在小农户基础上实现农业现代化,必须做好两项基础性工作,一是建立健全完善的农业社会化服务体系,二是将农民组织起来(孔祥智,2017)。党的十九大报告明确提出,要"实施乡村振兴战略,健全农业社会化服务体系,实现小农户和现代农业发展有机衔接"。农业社会化服务的内容非常丰富,主要包括农业生产服务、农产品流通服务、农业信息服务、农业技术推广服务、农业保险服务、农业信贷服务等。鉴于当前乡村旅游地的农业社会化服务体系不完善、存在供给不足与需求旺盛的矛盾,以及乡村旅游发展的新形势,我们认为应主要从以下方面健全面向农户的社会化服务体系。

(一)提升农业生产服务

农户是乡村旅游地重要的生产经营主体,他们担负着景观生产和乡村性保护的重任,应该为他们提供相应的农业生产服务。紧紧围绕"增收",支持农户运用新品种、新技术、新装备发展特色农业,为旅游市场提供优特农产品,并在农资供应、农机购置、价格调控等方面提供更多实惠优惠,让农产品既增产增值又降低成本,让农户真正实现增产又增收;紧紧围绕"增效",为农户提供品种改良、技术推广、装备提升、生产托管等农业生产服务,助推农户农业生产走向机械化、智能化、设施化和低碳化,提高农业生产效率,节省劳动成本,让农户摆脱农业劳动的束缚,腾出更多的时间和精力从事旅游经营;紧紧围绕"增彩",通过技术指导、统筹规划、补贴奖励等方式,引导农户科学生产、精细管理,建立合理的作物轮作制,推动农业生产景观化、项目化和体验化,特别是使农业景观在形态、色彩、香味乃至季节性上实现创新生产,比如打造"四季花海",创作"大地艺术",推出"绿色康养",从而满足旅游者深度"凝视"的需要。当然,要提升对农户的农业生产服务,还必须创新农业技术推广服务机制,积极探索政府购买服务,鼓励公益性推广服务,推动科技特派员下乡指导,支持农业科研试验示范等,着力为农户解决农业技术推广"最后一公里"问题。

(二)加快农业信息服务

农业信息服务是实现现代农业和提升农业产业水平的重要途径(赵洪亮等,2017),也是乡村旅游地农业和旅游业深度融合的连接纽带。随着乡村旅游和信息化的发展,农户对农业信息的需求不断增加,但信息服务的有效供给不足,具体表现为需求的广泛性与供给的局限性,需求的及时性与供给的滞后性等问题(于雅雯等,2015)。因此,乡村旅游地迫切需要建立针对性、时效性和真实性较强的农业信息服务体系。要依托信息进村入户工程和智慧旅游工程,建设既服务于农业生产又对接旅游需求的农业信息服务平台,可以学习借鉴浙江农民信箱农业信息服务模式,将通信、电子商务、电子政务、农技服务、办公交流、信息集成等多功能融入信息服务平台(陶忠良,2014),为农户提供便捷高效的一站式信息服务。要支持农户利用电子商务技术开展网络购销对接,促进农产品流通线上线下有机结合,特别是借助电商平台帮助农户实现农产品购销的"叠加效应"和"循环模式",即线上营销宣传展示带动线下旅游现场消费,然后又由线下旅游现场消费带来线上平台的"二次消费"。还要根据农户的实际需求,有针对性地开展农业信息技术培训,着力提高他们的信息意识及信息应用能力。

(三)创新农业保险服务

农业保险是农村金融服务体系的重要组成部分。作为分散农业风险、补偿农业经济损失、稳定农业生产的重要机制,农业保险有助于优化农业生产结构,带动农业科技创新,促进传统农业向农业现代化跨越。(阎鹏,2008)当前,我国乡村旅游地的农业面临更多的不确定性因素,农户承担的风险成本很高,效益极其不稳定,压抑了他们从事农业生产的积极性,需要有防范风险的农业保险体系。一是建立健全农业保险保障体系。当前我国农业保险正处于试点初期,整个市场还很不成熟,保障水平低,保障范围窄(施红,2016),可以通过提高农业保险的保费补贴力度,增加保险公司的经营管理费用补贴等方式,增强保障能力、提高保障水平。探索建立第三方灾害损失评估、政府监督理赔机制,确保受灾农户及时足额得到赔付。二是创新农业保险产品体系。根据乡村旅游地旅游发展以及农户风险管理的需要,创新发展农业互助保险、景观作物保险、重要"菜篮子"品种保险、名优农产品保险、价格指数保险、天气指数保险、野生动物灾害保险等新型农业保险产品,扩大保障范围,提高保障水平,以助力稳定旅游发展、提高农户农业生产能力。

(四)探索农业生产托管服务

农业生产托管是农户等经营主体在不流转土地经营权的条件下,将农业生产中的耕、种、防、收等全部或部分作业环节委托给农业生产性服务组织完成的农业经营方式。[①] 对于引领农户走向现代农业发展轨道,破解"谁来种地""怎么种好地"难题,激发农业经济活力具有重要作用。从实践来看,农业生产托管模式在实践中已初现端倪,出现了许多优秀的做法,比如山东的"土地托管"、湖北的"代耕代种"、江苏的"联耕联种"、四川的"农业共营制"等。当前乡村旅游地农户农业劳动力短缺、生产技术效率低,但又不愿意放弃土地经营和农业生产,农业生产托管无疑是解决这一矛盾问题最为有效的方式。要通过财政补贴、信贷支持、税费减免等措施,大力扶持各类托管服务组织发展,特别是要就地培育专业的托管服务类个体经营户、合作社和协会组织,为农户办好家门口的"托管班"。要依据当地旅游发展的形势以及农户的生产需求,发展单环节托管、多环节托管、关键环节综合托管和全程托管等多种托管模式,积极探索更精准、更贴心的定制式"田管家"服务模式,着力解决旅游旺季时农户无暇顾及生产、无力从事生产的困难问题。要加强行业引导,通过服务标准建设、服务价格指导、服务质量监测、服务合同监管等规范农业生产托管发展(冀名峰,2017)。

---

① 农业部办公厅《关于加快发展农业生产性服务业的指导意见》。

四、组织支持

随着乡村旅游的转型升级发展,当地农户农业分化经营的弊端日益凸显,农户在生产经营组织上普遍处于"失灵"状态,造成其市场竞争不足、经营效率低下,进而使得乡村旅游地农业"小生产"与旅游"大市场"的矛盾更加突出。因此,要解决小农户和大市场之间的矛盾,就必须从组织上进行创新,着力提高农户组织化程度。而在现实中,我国乡村旅游地农户的组织化程度严重偏低,在我们调查的 703 户乡村旅游地农户中,仅有 8.4%(59 户)的农户参加了包括农业合作社在内的农村经济合作组织。而且农户象征性参与、被动式参与、边缘化现象明显(孙九霞,2013)。鉴于当前乡村旅游地农户组织化的现实困境,我们认为可以通过合作社内向联结、龙头企业外向带动以及协会组织内外联动等多种途径,完善和创新农户农业组织化机制。

(一)合作社内向联结

对于乡村旅游地农户而言,要提高农业组织化程度,首先必须提高自组织能力,形成内生"造血"机制,为农业生产提供不竭动力。即在政府部门的扶持及乡村"能人"的带领下,以专业合作社为载体,通过利益联结机制将分散的农户组织起来,形成由内向外的农业内源发展动力。合作社还可以依法自愿组建联合社,提升农户合作层次和规模。可以引导农户利用房屋、土地、山林、技术和劳动力等作价出资办社入社,盘活农户资源要素。探索建立专门的土地股份合作组织,将农户"沉睡"的土地资源唤醒,拓宽土地流转渠道,并使得入股农户分享到更多增值收益(林乐芬等,2015)。可以根据乡村旅游发展需要成立旅游专业合作社,与农业专业合作社互为补充,良性互动。还可以从产业融合的角度出发,将旅游的产业内核植入农业专业合作社的组织形式之中,真正实现农业与旅游业的深入融合发展,解决长期存在的农旅融合发展的"两张皮"问题(银元,2017)。比如,近年来各地依托旅游产业成立了花卉、果树、苗木、陶瓷、刺绣、编织、垂钓、民俗表演等专业合作社,有效"活化"了当地特色资源,不仅丰富了旅游业态,而且促进了农业景观的生产保护,对于推动当地农旅融合发展起到了积极作用。当然,专业合作社要实现有效运行,还必须保障农户成员在合作社中的主体地位,发挥他们在合作社中的民主管理、民主监督作用,让农户共享合作收益。

(二)龙头企业外向带动

由于长期以来受到小农经济模式的影响,我国乡村旅游地大部分农户的文化水平偏低、思想观念落后、合作意识不强,而且资金实力弱、生产营销能力有限,由其内向联结而成的专业合作社必然存在诸多弱点,难以形成高效率的运行机制,而且在融资、基建等较大投入方面也难以适应旅游产业发展的需要。因此,乡村旅游地农户要提高农业组织化程度,除了依托合作社的内向联结外,还必须借助那些资本雄厚、经营成熟的龙头企业从外部进行带动,为当地农业和旅游业发展进行"输血"和"补血"。即龙头企业通过当地政府公共部门整合土地、劳动力等生产要素,向农户提供农业社会化服务,形成由外向内的农业共生发展动力。但是,当前龙头企业整体对农户的带动效用远没有达到高效率的状态,尚有较大提升空间(徐丹宁等,2016)。应通过采取保底收购、股份分红、利润返还等方式,并签订契约合同,构建紧密型利益联结机制,让农户更多分享合作收益,从而提高供应链的运作效率(浦徐进等,2016)。鼓励龙头企业通过"公司+农户""公司+农民合作社+农户""公司+基地+农户"等方式,构建有助于产业链、供应链和利益链长效发展的激励机制与合作机制。支持农户以土地、资金、劳动力等入股龙头企业并采取特殊保护,探索实行农户负盈不负亏的分配机制。引导农户和龙头企业共同参与地理标志农产品保护,推动农产品特色品牌建设,构建农户与龙头企业共建共享农业品牌的机制。

(三)协会组织内外联动

农业协会组织是介于政府与农业企业之间,农产品生产者与经营者之间,并为其服务、咨询、沟通、监督、公正、自律、协调的社会中介组织。相比专业合作社,农业协会涉猎范围更广,运行机制更灵活,可以为分散的农户会员牵线搭桥,在农业生产销售过程中实现资源共享、互补互利,成为农业行业的交流平台和监督窗口。因此,强化农业协会建设是加快小生产与大市场有效对接的关键环节(侯二东等,2010)。对于乡村旅游地来说,应围绕旅游发展需要,大力发展以下两类农业协会:(1)技术产品协会,如种植协会、养殖协会、果蔬协会、油菜协会、花卉协会、葡萄协会等;(2)服务管理协会,如农机协会、运销协会、用水协会、垂钓协会、餐饮协会、农家乐协会、休闲农业协会等。要规范建设农业协会组织,拓宽其服务领域,增强服务职能,有效落实"做给农户看,教会农户干,组织农户上"。鼓励协会组织积极开展农业技术推广以及农业实验示范基地工作,为农户的农业生产提供技术支持。特别要引导协会组织积极研究制定各类农业行业生产标准、技术规程以及管理规范,并提供技术鉴定服务和品牌认证指导,为乡村旅游地的农业景观生产和土特产品供应"把脉""把关"。

第二节　乡村旅游地农户农业生产行为的约束机制

约束机制主要用于规范乡村旅游地农户农业生产行为,主要包括法律约束、经济约束和社会约束。

一、法律约束

农户是我国农业生产的主力军,对乡村旅游地可持续发展起到了重要作用。但是,由于农户习惯于自由散漫,不习惯于受管制,不遵守组织纪律,契约意识缺乏,法制观念淡薄,自利主义严重(罗倩文,2009),在缺乏有效监管的情况下,其农业生产行为会给乡村旅游地带来诸多负面影响,比如乱砍滥伐、过度垦荒、景观破坏、农业污染、市场违规、合作违约等等。因此,通过法律手段对农户农业生产行为进行约束,并规定农户在农业生产中的权利和义务,建立对农户违法行为的惩罚机制,有利于推动乡村旅游地可持续发展。

改革开放以来,我国在农业和旅游业领域出台了一系列法律法规,无论是涉农立法,还是涉旅立法,都未体现乡村旅游地农业生产的特征。其中 2003 年修订颁布的《中华人民共和国农业法》是一部综合性法律,涉及的领域较为广泛,但并没有针对乡村旅游地农业发展提出具体措施;2013年修订实施的《中华人民共和国旅游法》也是一部综合性法律,主要对旅游行业的经营管理和开发建设等相关行为进行规范,并未有具体涉及乡村旅游和农业生产等的具体措施规定。现有相关法律法规散见于各单行法和部门规章中,原则性条款多,可操作性条文少,而且缺少健全的执法监管体系,不仅难以有效规范和引导乡村旅游地农户农业生产行为,也无法更好地保障乡村旅游地的农业和旅游业深度融合发展,故加强乡村旅游地农业管理方面的法律制度建设势在必行。

(一)出台专门的管理条例

要使乡村旅游地农业和旅游业更好地融合发展,不仅要全面贯彻国家有关农业和旅游业的法律法规,而且要促进专门的立法工作,争取早日出台《乡村旅游地农业管理条例》,以便通过具体的法律法规,明确包括农户在内的各生产经营主体在农业生产中的权利和义务,全面规范和引导乡村旅游地的农业发展,并形成良好的行为约束。该条例至少应包括以下内容(彭怡萍,2013):(1)权责规定。明确各相关利益主体在乡村旅游地农业生产中的权利和责任;明晰农业资源的合理使用、转让机制和收益分配;特别是明晰土地产权制度,将土地使用权界定为包括耕作权、转包(租)权、买卖权、抵押权、收益权等诸项权利在内的广义使用权,充分保证农户的土地产权(苏旭霞等,2002)。(2)管理范围。乡村旅游地农业管理的范围应是农业生产所依托的旅游环境、所利用的农业资源和所承载的配套设施以及所有参与主体的行为。(3)旅游市场进入规范。即农产品进入旅游市场的准入条件和具体的操作标准,包含质量检测、品牌认证等。(4)农业景观/农业遗产保护规定。明确规定农业景观/农业遗产管理部门的法律地位及职权,制定农业景观/农业遗产保护的明文条款,明确规定所有参与主体的责任和义务。(5)问责规定。明确规定破坏农业生产和农业资源须承担的责任,并建立问责程序机制,依法追究行为人的法律责任,维护法律权威。

（二）编制具有法律效力的发展规划

由各级人民政府负责编制农旅融合发展规划，对乡村旅游地农旅资源、项目、产品、设施进行全盘谋划、系统设计，指导当地农旅融合发展。规划要突出针对性、指导性和实用性，做到资源有机整合，产业充分融合，功能高度吻合。规划要划定好发展"红线"：严格控制旅游功能的范围，使其不影响农业正常生产；严格控制农业污染和生产干扰，使其不影响旅游正常发展；严密保护乡村旅游发展所依赖的农业景观资源，使其保持乡村性特质。规划要把握好时间"标尺"，根据季节和旅游者数量的变化，合理规划布局农业生产和旅游经营，使农户能够平稳"双肩挑"，做到农旅兼业两不误。规划最后报送同级人民代表大会或者人民代表大会常委会审议通过，成为有法律效力的规划文件，保障规划的执行力和约束力，科学引导和推进乡村旅游地农旅融合发展。

（三）加强执法监督和统一管理

乡村旅游地的农业管理工作，涉及农业、旅游、林业、国土、水利、建设、环保等多个部门，而当前相关法律法规并没有明确各部门之间的关系及职权范围，从而形成多头管理、条块分割的混乱局面，必须建立规范化的统一管理。当地政府可以设立"农旅融合发展专门委员会"，成员由相关利益部门的主要负责人担任，委员会负责统筹地方农旅融合发展工作，并主导相关监督工作。依法设立农业纠纷专门仲裁机构和纠纷调解干部队伍，从制度上确保程序规定明确。对农户更要加强监管，着力运用法制手段，限制、禁止各种浪费农业资源、破坏农业景观的农业生产行为；限制、禁止各种污染、破坏生态环境的农业生产行为；禁止、打击各种市场违规、合作违约的机会主义行为。

二、经济约束

经济约束是指采用经济规则和手段对经济主体行为产生的制约机能。它是农户约束机制的一种重要手段。通过经济约束，对农户行为进行干预和调控,有利于维护农村市场的稳定运行,保护农户的利益,同时促进农产品市场均衡供应、分配公平,保护消费者的利益。景观环境和市场秩序是乡村旅游可持续发展的关键要素和难点问题,而农户又是乡村旅游地的农产品供应者和景观生产者,要规范他们的农业生产行为,就有必要从市场秩序和景观环境方面入手建立相关约束机制。

(一)强化市场准入,维护市场秩序

正如前文所述,乡村旅游地农户的农产品进入旅游消费市场比较艰难,在管理机制、产品供给、供需信息、场所进入等方面仍存在诸多瓶颈。特别是在产品供给上,农产品品质不高,缺少品牌包装,市场竞争力弱,而且还存在哄抬价格、以次充好等机会主义行为。应严格实施统一的品种、质量、等级标准,把好市场准入关,维护良好的市场秩序。要加强农产品标准化建设,围绕当地优势特色产品推行标准化生产,保证农产品生产优质高效。要强化农产品产地溯源制度和入市检测制度,对绿色农产品、有机农产品和无公害农产品等优质农产品的品质进行严格控制,有效杜绝农户以次充好的机会主义行为(徐卫涛,2010)。要完善农产品、农业景观和接待服务等农业供给的分级定价制度,严格划分其等级,并按照不同等级区别定价,从农产品销售、接待服务提供以及消费者购买角度约束农户的生产行为,让广大旅游者的消费需求倒逼他们对产品研发、生产质量、包装设计、品牌培育等进行革新,通过提质增效提升发展能力。

(二)创新经济处罚,保护景观环境

对于农户浪费农业资源、破坏景观环境的农业生产行为要进行经济上的惩罚,特别是对随意丢弃和排放废弃物、焚烧秸秆、砍伐树木、非法捕捞打猎、损毁农业设施、破坏农业文化遗产等恶性行为,更要加强监控和处罚力度。但是要注意控制好监控成本和经济处罚的尺度,避免因为监控而增加政府的管理成本,避免因为经济处罚而挫伤农户参与景观环境建设的积极性(徐卫涛,2010)。在增加罚款额度的同时,还应采纳新的处罚方式,如责令破坏者进行一定期限的景观环境保护服务工作、责令其生产和修复

一定数量的景观资源或加收一定数额的修复费等。同时,对于罚没的"违法所得"要进行科学衡量,不仅要以农业景观资源的经济价值为基准,还要将其生态价值、文化价值和科研价值一并纳入考量范围。对农户违规操作、违法生产的农业项目,还要相应减少或取消农业补贴、税收减免、低息免息贷款等优惠政策支持。通过严厉的经济惩罚机制,让景观环境破坏者付出高额的经济代价,为乡村旅游地的景观环境建设和保护提供更强有力的支撑。

三、社会约束

社会约束是指社会群体通过约定俗成的规范和惯例,对成员个体的行为加以限制和管束。我国的农村社区是以地缘、血缘关系构成的"熟人社会",农户之间知根知底,他们在言行做事时总是看重"面子"和"声誉",受到社会规范、社会监督的严格约束。就我国农村现状而言,由政府等相关部门出台的法令、法规等"硬约束"对农户行为的约束已出现"政府失效"现象(徐志刚等,2016),而社会规范、社会监督等"软约束"对农户行为的影响却仍然存在。因此,社会约束作为"第三种力量",可以有效规范和引导农户农业生产行为,推动乡村旅游地农旅深度融合发展。

(一)社会关系约束

在乡村这个"熟人社会"里,人们密切来往,相互间的利益交织,形成相互联系的社会网络,它非常容易形成人际关系"抵押"约束和信用历史约束(张静,2011)。而背后实则隐含着强烈的面子观念,对社会关系网络中的个体行为约束起到很重要的作用。一方面,面子观念是主体之间互惠互利的一种体现,也即所谓的"人情";另一方面,面子观念又具有社会评价、声望和地位的意涵(董磊明等,2017)。由此,可以通过多种形式为广大农户宣传乡村旅游地农业生产的价值意义和规范标准,并将表现良好的农户树立为"模范示范户",对其行为进行大力宣传和表扬,进而号召其他农户向其看齐"挣面子";而对于违规违法的农户,则进行公开批评、惩罚,让其"没有面子",同时号召其他农户引以为戒,防止"丢面子"。

(二)社会组织约束

组织约束机制是指单位性组织把分散的个人组成一个整体,通过"组织担保"和惩罚,"间接"控制成员个人的失信(张静,2011)。在乡村旅游地,当地社区往往因旅游利益而陷入权力离散状态(黄平芳,2012),对农户行为的约束力弱化,更应扶持和引导村组、合作社、协会等社会组织,通过组织抱团发展,提升农户生产经营力量,提高农户群体在市场和行业中的话语权,为农户成员提供坚实的"组织担保";同时,通过"村民公约""会员规范""行业规矩"等对农户成员的农业生产行为进行约束,对毁坏组织声誉和利益的农户成员,进行严厉惩罚乃至开除资格。

(三)信用记录约束

信用记录就是建立个人或者组织的信用经历信息库,在很多国家广泛采用,适用于管理流动性大、变动程度高的社会(张静,2011)。乡村旅游地就是一个流动的地域社会,作为东道主的农户大多分散游走在旅游经营和农业生产中,监管难度大,以致容易形成失信行为,需要建立具有权威性的信用记录对其进行约束。特别是结合产地溯源制度和入市检测制度,将农户农业生产全过程纳入信用记录,通过工商执法、消费者投诉、电子商务等建立交易信用记录,以此通过约束农户未来利益发展空间来约束农户行为决策。

第三节 旅游反哺农户农业生产的政策建议

旅游反哺农户农业生产,是指旅游业通过各种形式给予农户农业生产以支持和保护,对农户为旅游业供给农业资源进行成本补偿和贡献回馈,从而扭转旅游利益对农户分配不公平的局面。基于乡村旅游地农户农业生产需求以及农旅融合发展趋势,笔者尝试提出以下旅游反哺农户农业生产的政策建议。

一、提供农业景观补偿

乡村旅游可持续发展的关键就是要保持乡村性,即小规模经营、本地人所有、社区参与、文化与环境可持续(Brohman,1996)。在我国,农户不仅是农业经济的创造者,也是农业景观的生产者和保护者,为乡村旅游可持续发展做出了积极贡献。然而与此并不相称的是,大部分农户未能充分享受到旅游发展释放的红利,反而要承受旅游发展给其农业生产带来的约束干扰和生态冲击。由此,笔者认为,应该为农户提供农业景观补偿,切实减少和弥补他们因为旅游发展而产生的成本和面临的风险,使其外部性贡献得以内部化。

(一)概念内涵

对于农业景观补偿,目前并未有明确的定义。但相关的概念界定较多,比如生态补偿、农业生态补偿、旅游生态补偿等等,可以为我们界定农业景观补偿提供借鉴和参考。从基本语义来看,"农业景观"是人类通过农业生产活动改造自然而形成的景观,包括农业生产景观、农业生活景观和农业生态景观;而"补偿"作为某种活动,蕴含了 2 个基本要素:损失性境遇与补偿关系域,这是因为,补偿的自然语义总是针对特定的损失性境遇而言的,并且此损失性境遇总是发生于由一定的当事人或关系方组成的补偿关系域之中(谢剑斌等,2008)。基于以上语义,并结合现有相关概念的界定以及乡村旅游地农户农业生产的现实特点,笔者认为农业景观补偿具有以下几点内涵:(1)农业景观补偿是一种典型的经济调节手段,是调节相关者利益关系的制度安排(中国生态补偿机制与政策研究课题组,2007)。(2)农业景观补偿不仅包括物质层面的补偿,还包括价值层面的补偿(张一群等,2012)。比如对农业文化遗产的补偿,就不仅仅是农业生态系统,还有对农业文化遗产的生产者和保护者的补偿。(3)农业景观补偿的目的是实现外部成本内部化(刘敏等,2013),应特别关注农业景观生产保护者——社区农户的利益。(4)农业景观补偿既包括对负外部性行为的惩罚,也包括对正外部性行为的激励(张一群等,2012),即不仅要提供农业景观破坏带来的相应补偿,还要给予农业景观生产和保护一定的补偿。本书着重探讨旅游业对农户的农业景观补偿。

(二)补偿范围

根据上文对农业景观补偿的概念内涵的分析,以及农户在农业景观生产和保护中所形成的各种损失性境遇情况,可将以下农户行为确定为农业景观补偿范围:其一,生产和展示农业景观的行为,包括景观作物种植、生产场景展示、农业民俗展演等。农户为乡村旅游发展提供了以上核心吸引物,并为此付出了大量的人力、物力和财力,必须给予高额的补偿。其二,对已遭受破坏的农业景观环境进行治理而恢复的行为,包括退耕(牧)还林(草)、退耕还湖(海)、生态移民、水土保持、轮耕休耕、放弃渔猎等。农户往往为此放弃原有的生计方式,为乡村旅游发展做出巨大牺牲,必须给予相应的补偿。其三,支持旅游项目而放弃或改变农业生产的行为,包括征地拆迁、作物轮耕、农田艺术创作等。农户为此承担了失地风险和经济损失,尤其是不合理的旅游项目开发经营、不文明的旅游者行为以及景观保护下的野生动物侵扰,会给农业生产带来非正常损耗乃至破坏,必须给予相应的补偿。其四,维护和传承农业景观遗产的行为,主要对因农业景观遗产保护而坚持传统落后的生产方式以致丧失发展机会的行为进行补偿。其五,维护良好农业景观环境的绿色生活行为,包括农业废弃物的资源化再利用,沼气工程,小水电、太阳能、风能等能源的开发利用。客观上为旅游环境建设做出了贡献,虽然农户因此提高了生活质量,但为此增加了不少建设成本,应当给予适当的补偿。其六,维护良好农业景观环境的绿色生产行为,包括农业污染综合防治、病虫害绿色防控、测土配方施肥、节水节能灌溉和畜禽生态养殖等。客观上为旅游环境建设做出了贡献,农户也因此增加了生产成本,应当给予适当的补偿。

(三)补偿标准

补偿标准的确定是补偿机制构建的核心和难点。参照旅游生态补偿标准确定的一般原则和类别构成(陈海鹰等,2017),并考虑到农业景观生产保护的特殊实践,农户的农业景观补偿标准核算应该至少包括以下三个方面:一是生产成本补差。农户为了生产农业景观需要投入人力、物力和财力,使得农业生产的投入产出比降低,甚至可能损失一部分经济收入(刘某承等,2013)。考虑需要弥补农户这些直接经济漏损,可以将补偿标准确定为乡村旅游地人均农业收入与所在县域人均农业收入的差额,或者针对单个农业产业进行核算,即乡村旅游地某农业产业的每单位农业收入与所在县域某农业产业的每单位农业收入的差额。二是保护成本直补。为了维护良好的农业景观环境以及传承保护农业景观遗产,农户参加保护行动,参与环境治理和恢复,选择绿色生产,创造绿色生活,从而增加了各种投入成本,可以将投入要素成本作为主要依据进行直接核算。三是旅游效益奖励。农户为旅游发展提供了农业景观吸引物,维持了良好的农业景观环境,为创造旅游效益做出了积极贡献,应该在补偿机制里有所体现。可以在当地设立专项奖励基金,按照效益贡献率对农户进行奖励,这样就在补偿其成本的基础上,使他们能获得一定的利润或盈余。

(四)补偿方式

我国学术界对旅游补偿方式已有较多讨论,所展示出来的补偿方式相当丰富,根据补偿主体的不同,可分为政府补偿、市场补偿以及补偿基金资助补偿;根据补偿内容的不同,可分为制度补偿、资金实物补偿和技术补偿(张广海等,2017)。但不管选择哪种补偿模式,都必须首先同时保障旅游地生态系统和社区居民利益(张奥佳等,2016),而且要充分考虑补偿方式的现实性和可操作性。为此,对乡村旅游地农户进行农业景观补偿,最好选择混合式的补偿方式,要求做到:(1)市场与政府相互动。现阶段我国乡村旅游地的农业景观补偿应以政府部门为主导,通过财政转移支付、专项基金、税收减免、技术帮扶、政策优惠等形式对农户进行补偿。同时逐步引入市场化机制,让市场补偿发挥重要作用,特别是在政府部门的引导和监督下,通过提取一定比例的旅游收益设立农业景观补偿专项基金,确保农户快速有效地得到相应的经济补偿。(2)费用与效用相结合。费用补偿指为使农业景观和农户原有效用不变而产生的费用,效用补偿指为保持或恢复农业景观原有的效用和维持农户原有生活水准的补偿(易艳,2011)。费用补偿易于执行、见效快,短期效应强;效用补偿实施难度大且短期内不易评估补偿效果,但有利于乡村旅游地和农户生计的可持续发展(张奥佳等,2016)。将这两种补偿方式有机结合,无疑有助于提高乡村旅游地农户农业景观补偿的有效性和公平性。此外,对乡村旅游地农户进行农业景观补偿不能搞"一刀切",应当充分考虑农户的个体差异,探索分时段、分区域、分类型实施补偿标准,给农户更多自由选择的空间。

二、推动农产品进景区

总体而言,当前我国乡村旅游地的农旅融合深度不够,旅游业态表面化、同质化现象比较普遍,农产品带入旅游市场的渠道不充分。为此,通过推进农产品进景区,催化包括农户在内的农业主体以及旅游景区更新理念,共同挖掘旅游市场潜力,加快新产业、新业态合作共赢的步伐,推进"卖风景"与"卖特产"对接,从而实现乡村旅游地景区繁荣、企业发展、农户增收的多方互惠共赢。

(一)建立联动机制

即从发展"大农业、大旅游"思路出发,理顺管理体制,成立由旅游、农业、扶贫、交通、发改、住建、林业、水利、质监、供销、检验检疫等部门为成员的农产品进景区工作协调小组,统一领导和推进农产品进景区的各项工作,协调解决农产品进景区的各种问题。各部门要做好分工,落实相关政策保障。例如,旅游部门负责相关规划引导、指导展销服务设施建设、制定标准、宣传推广、人才培训以及跟踪统计工作;工商部门负责市场的监管工作;扶贫办负责协调利用扶贫资金和扶贫信贷,支持贫困户农产品进景区示范基地项目建设;供销社负责农产品进景区示范基地的电子商务建设,支持示范基地开展网上交易、仓储物流、终端配送一体化经营。要通过健全标准规范、强化部门协同监管和联合惩戒、加强线上线下消费者权益保护等,为旅游者营造便利、安心、放心的消费环境。

(二)加强政策支持

农产品进景区是农旅深度融合的重要推手,也是产业扶贫攻坚的重要平台,各级政府要加强政策支持,用足用好强农惠农政策。认真贯彻落实中央、省、市制定的一系列强农惠农政策,加大项目及资金争取力度,整合各类资金,积极支持农产品龙头企业、农民合作组织和优质农产品基地、农产品进景区示范基地建设,对农村特色优质农产品生产农户给予一定的奖励扶持,鼓励其做大做强。还要把农产品进景区工程作为"大众创业、万众创新"的重要内容,充分调动农业合作社、农产品加工企业、农村致富带头人、返乡农民工和大学毕业生的积极性,支持有关市场主体高标准开展农产品研发基地、生产基地、加工包装基地以及农产品进景区示范基地建设,在用地、税收、金融等方面给予支持。对贫困户的农产品进入景区要给予特别扶持,可以推出免费申请、免费提供场地、免费提供信息、免费培训人员、免费提供网络、免费提供水电等优惠政策。

(三)优化产品供给

推动农产品进景区,还要在供给上做好工作。要加强农产品标准化建设,围绕当地优势特色产品推行标准化生产,保证农产品生产优质高效;要培育壮大农产品深加工企业,着力构建加工、销售、服务为一体的产业链,提高农产品附加值,推动更多优质农产品进入景区销售;要有计划地培育一批产品特色明显、带动农户面广、运行机制健全的专业合作组织,通过政策倾斜和资金扶持的方式,支持其开展培训、销售平台建立、农业技术引进等,并鼓励他们包装开发特色优质农产品,带动提升农户的组织化程度;要按照旅游者需求生产和包装农产品,突出文化主题和要素,把农产品的文化性、纪念性、增值性与生态性、独特性、实用性等组合起来;要鼓励名优农产品产区与品牌旅游景区按照品牌规范联合创建农产品品牌,力争每一个景区都拥有自己独特的农产品,并有效提炼品牌个性,有力塑造品牌内涵。

(四)清理进场障碍

在景区设立特色农产品专卖店、直销店、销售专区专柜等方式,支持农户直接向景区配送农产品,促进本地名优农产品进入景区。同时,联系组织各大景区、销售店到合作社、基地直接采购,减少流通环节,真正让农户、景区和旅游者共利双赢。组织相关部门、合作社、生产大户、农产品生产和加工企业负责人赴各景区,采取"走出去"和"引进来"战略,开展农产品产销对接和招商活动,积极签订购销和招商协议,并与景区开展产前对接,促进优质农产品进入景区销售。要求景区对本地名优新特农产品"零门槛"展销,特别是对贫困户的农产品要给予优先安排,免收任何入场费,对特色农产品推行"现钱买现货"的经销模式。但同时要规范各进驻景区农户和企业的展销行为,要求做到展厅、展台、展位符合景区环境,服务热情周到有礼貌。

(五)打造展销中心

由政府部门牵头,以消费体验为主线,引导景区设立农产品展销中心,作为农产品进景区工程的重要落地执行载体。展销中心不但提供无线网络、充电设备、旅游咨询等旅游者常需的便利服务,还作为展示和售卖以农副产品为主的地方优质特产的权威平台。展销中心所提供的农副特产必须具有质量和原产地保障,且是经地方相关机构和监管平台认证的绿色、有机、无公害产品。展销中心采取"线上+线下"的产品销售模式,旅游者成功选购后,可以进行现场加工制作、现场品尝,如果在返程后对相关产品有购买需求,还可以通过电商平台实现线上交易。建议展销中心采用"景区+电商+农业主体"模式——农业主体供应农副产品,旅游景区提供免费铺面,电商进行经营管理,三方按照一定的比例进行分成,实现利润共享。

(六)创新营销宣传

创新营销宣传是推动农产品进景区的重要手段,应做好以下五个方面:一是搭建信息服务平台。通过建立优质农产品信息网,成立专门的信息机构,搭建电商服务平台,采用手机短信、微信、微博、电视、广播等多种形式,及时收集、发布农产品市场供求、价格及预测、旅游者需求等相关信息,为农产品供应方以及旅游消费者提供及时有效的信息。二是提升展销服务水平。要为旅游者购物提供便利,消除旅游者购物风险,通过旅游者扩大品牌效应并相互提升购物热情。要在展销过程中注入体验因素,逐步推广网络信息查询、预订、结算,简化购买流程提升服务效率。三是共同创建和维护品牌。在积极做好农产品品牌宣传推广的同时,还要加大品牌的培育和保护力度,坚决制止恶意抢注行为及销售假冒伪劣产品现象,搞好品牌农产品质量管理。四是以节会促营销。在景区举办相应的农产品博览会、展销会、文化节等,通过节事活动聚集人气,带动旅游者选购农产品,同时借此宣传推介当地名优农产品。五是"以购代捐"助力扶贫。可以借鉴海南三亚的经验做法,由景区专门组建扶贫产品采购团深入贫困村采购农产品,引导和鼓励旅游者"以购代捐",以实际行动解决农户产品销售难问题,推动农户产品变商品、收成变收入。

三、引导农业生产创意化

农业景观是乡村旅游地的核心吸引物。近年来,我国各地依托丰富多彩的农业景观,大力发展农业观光和赏花体验,引爆了当地乡村旅游市场,也催生了光彩夺目的"花海经济",成为我国旅游产业的亮丽新名片。然而,一些地方的农业景观是靠"复制""模仿"而来,与地域文化融合不够,地方特色不鲜明,加上农业季节性明显,使得当地旅游出现"花开热闹,花落冷清""人气有余,财气不足"的尴尬局面(黄平芳等,2013),使得大部分农户对农业景观生产缺乏强劲的利益驱动。因此,各地要推动乡村旅游产业实现转型升级,还必须合理引导当地农户农业生产走向创意化。农业生产创意化即以农业资源为基础,以文化为灵魂,以创意为手段,以产业融合为路径,推动农业生产提升附加值(王德刚,2013)。为此,笔者建议从以下方面引导农户农业生产创意化,让他们分享旅游发展带来的增值收益。

(一)统筹错位布局,打造时空差序

时空差序是旅游流产生的推拉手,更是旅游"反季节性"的强武器。为了适应旅游发展趋势,农业产业的布局和定位,应符合当地历史、人文、地理、气候等地脉环境,从而形成特色鲜明、优势互补、区域一盘棋的发展态势。在农作物选择上,各地应立足本地农业特产进行规模化、创新化的培育与包装,使农业景观烙上"地理标志",以彰显地域特色;在景观营造上,各地还可以让农业景观"傍"上风景名胜,营造出诸如花山、花溪、花城、花村、花楼、花亭、花径、花廊等之类的"花样"景观,从而赋予农业景观地域性格,以提升其知名度、扩大客源市场。尽管大面积的农业景观可以形成震撼力,使旅游者产生视觉冲击力,但单一的农作物品种容易引起审美疲劳,必须进行"花样"搭配。可以直接引入适应当地环境条件的农作物新品种,以打造有特色的新农业景观;还可以对农业景观的主导作物种植进行技术创新,培育出不同颜色的品种,甚至精巧点缀颜色各异、香味不同的其他花卉作物,将农业景观编织成一块块美丽的"大地花毯",以丰富旅游者的景观感知。为了缓解乡村旅游的季节性矛盾,还应像婺源那样按照四季的特色,在油菜花海的基础上再打造其他季节的农业景观,形成"四季花海"。此外,用科学的种植方法调控景观作物生长周期,培育反季节作物景观,以弥补乡村旅游的季节不平衡,也是值得探索的有效途径。

(二)加强文化创意,丰富产品内涵

文化是旅游产品的灵魂和生命力,文化创意是丰富旅游产品内涵的有效途径。农业景观的文化创意,就是要以景观作物为媒介,将景观作物与文化进行"嫁接",将农业景观及其打造过程赋予文化内涵和价值,营造出乡土性、艺术性和生动性的"农业世界",给旅游者以内涵深厚、回味无穷的精神享受,从而提升产业的文化附加值。应鼓励各地依托本地独特的乡土文化资源进行旅游产品开发,不仅要有田园、耕牛、农舍、农具等物态景观,还要有歌谣、舞蹈、节令、习俗、耕作等非物态景观巧妙融入农业景观之中,让旅游者在观赏过程中体味到浓郁的"乡土味",释放久违的乡土情

怀。农业生产还需要有艺术化创意,因为只有艺术化才能更生动、更深刻地反映"地方性",丰富旅游产品的内涵。比如,婺源就通过摄影、绘画、影视等艺术形式提升了当地农业景观的品位,增强了品牌扩张力。各地应借鉴婺源的做法,将文学、影视、动漫、声乐、舞蹈、戏剧、曲艺、绘画、服饰等艺术形式有机融入农业景观。尤其可以在农业景观中大胆地创作"大地艺术",为旅游者制造视觉"盛宴"。为了增加农业景观的生动性,还应尽力让旅游者参与采花、摘果等农事活动,以及歌谣、号令、舞蹈等娱乐表演。还应充分发掘农业生产的益智功能,通过"寓教于乐、寓教于游"的形式,向旅游者生动展示农业知识和技艺,满足其好奇、求知的欲望。尤其要举办有地方特色的农业节事,通过融入赏花、摄影、文艺演出、互动赛事、农产品展览与交易等活动以活化农业景观,增强其展示性和参与性。

(三) 延伸产业链条,深化产业融合

目前我国乡村旅游产业链条过短,产业融合不深,高附加值产品较少,要解决这一问题,就应跳出"就旅游谈旅游"的视野,激励和推动"亦农亦旅"的两栖开发模式。鼓励农户对农作物品种进行景观化、生态化的功能拓展和质量提升,对农产品进行精细化、创意化的深加工,为旅游者提供多样化的农产品消费选择。以花卉为例,可以生产花朵、花茶、花酒及相关的标本、书籍、画作、光盘等日常产品,开发花瓣香囊、瓶装"花气"等创意产品,使赏花成为集疗养性、体验性、教育性、创意性于一体的复合型旅游项目。此外,还要引导农户以农产品的生产为基础,在产前、产中、产后的诸多环节进行功能延伸,实现产品的多次转化增值。比如,利用"花开"资源发展养蜂业,利用"花落"资源发展食药用干花、花汁饮料、养颜护肤品、绿肥沼气等后续产业。后续开发较为理想的就是发展果业,农户不仅可以依靠果品生产获取不菲的收益,还可以开展观光、采摘等休闲活动,从而增加果业的附加值,这对延长乡村旅游产品周期,缓解其季节性问题大有裨益。当前"油菜花旅游"之所以风行各地,除了因为油菜花本身具有审美、广生的优势外,主要还在于油菜籽能够创造较高的经济价值。还要引导农户结合当前美丽乡村建设和新型城镇化的大好形势,在营造农业景观的基础

上,打造高品位的民宿,营造富有乡愁味的环境,为旅游者提供美丽生活体验,从而能留住过夜客,增添乡村旅游的商气和财气。

总之,乡村旅游转型升级是一个不断深化认识、深入实践的创造过程,需要我们激发无限的创意智慧,巧妙推动旅游与农业完美融合,需要政府、企业和社区多方配合,需要有人力、资金和政策的大力支持,更需要有科学高效的调控机制提供保障。我们相信,在创意经济浪潮的引领下,在全域旅游实践的推动下,我国乡村旅游必将"花样百出",为旅游者打造起生动、立体的"花花世界",为社区农户培育出"致富之花"和"幸福之果"。

本章小结

基于前文的分析结论,本章构建了乡村旅游地农户农业生产行为的调控机制,并提出旅游反哺农户农业生产的政策建议。

农户行为激励机制主要用于激发和调动农户农业生产的积极性,主要包括政策扶持(完善土地流转机制、创新农业补贴机制、健全农户培训机制)、设施保障(合理规划建设、创新供给机制、健全管护机制)、服务对接(提升农业生产服务、加快农业信息服务、创新农业保险服务、探索农业生产托管服务)和组织支持(合作社内向联结、龙头企业外向带动、协会组织内外联动)等方面。

约束机制主要用于规范农户农业生产行为,主要包括法律约束(出台专门的管理条例、编制具有法律效力的发展规划、加强执法监督和统一管理)、经济约束(强化市场准入、创新经济处罚)和社会约束(社会关系约束、社会组织约束、信用记录约束)。

旅游反哺农户农业生产是指对农户为旅游业供给农业资源进行成本补偿和贡献回馈,有助于扭转旅游利益对农户分配不公平的局面。建议通过提供农业景观补偿、推动农产品进景区、引导农业生产创意化等方式,推动旅游反哺农户农业生产。

第八章　主要结论与研究展望

一、主要结论

本课题以江西省为例,依托农户行为理论,在构建乡村旅游地农户农业生产行为分析理论框架的基础上,主要运用问卷调查数据和 PRA 调查资料,对乡村旅游地农户农业生产行为进行实证分析,主要得出以下结论:

1. 乡村旅游地农户农业生产行为具有生活理性和生态理性

乡村旅游地农户与非旅游地农户相比,虽然家庭人口及劳动力状况、政策认知特征、技术采纳行为等均较为类似,但户主特征、家庭收入状况、生产意愿、种养品种选择行为、生产投入行为、土地经营行为等均存在差异。通过比较分析表明,在旅游收益的比较下,大部分乡村旅游地农户从事农业生产的经济理性逐渐弱化,不再追求高产增收,而是基于家庭生活需要的"菜篮子""米袋子"以及旅游发展需要的景观环境做出有限选择,因而更少考虑资金、成本、产量、技术以及销售渠道等经济因素。为了迎合旅游发展需要,农户非常注重对种养品种进行筛选和组合,减少或放弃畜禽饲养,支持景观作物种植,形成农事季节与旅游季节错峰的轮作模式。为了保障家庭食品安全,农户会选择绿色无公害生产,更少施用化肥农药。为了保护旅游生态环境,农户会支持退耕还林、退牧还草、退田还湖,成为生态景观的营造者和保护者。总体而言,乡村旅游地农户保持着既不愿扩大生产、也不愿放弃生产的"坚守"状态,表现出明显的生活理性和生态理性。

2.乡村旅游地农户农业生产行为特征存有类型差异

乡村旅游地农户在生产选择行为、生产投入行为、土地经营行为以及技术采纳行为等方面均存在类型差异。相对成长地农户而言,成熟地农户的农业生产意愿总体更积极正向。土地撂荒比例更低,土地流转程度和细碎化程度更高,更愿意维持在既不"扩大"、也不"放弃"和"减少"的"坚守"状态。对农业新技术的需求和渴望更强烈,采纳意愿也更积极,但遇到技术问题更倾向自我解决。相对景郊农户而言,景区农户的农业生产意愿总体更积极正向。土地撂荒比例更低,土地流转程度和细碎化程度更高,更愿意维持在既不"扩大"、也不"放弃"和"减少"的"坚守"状态。对农业新技术的需求和渴望更强烈,采纳意愿也更积极,但遇到技术问题更倾向自我解决。相对非旅游农户而言,旅游农户的农业生产意愿总体更积极正向。土地撂荒比例更低,土地流转程度相当,但细碎化程度更高,更愿意维持在既不"扩大"、也不"放弃"的"坚守"状态。对农业新技术的采纳意愿更积极,当遇到技术问题时更愿意向外求助积极解决。

3.乡村旅游地农户农业生产行为是农户为适应旅游环境而有限理性选择的结果

乡村旅游地农户农业生产行为形成机制比较复杂,既受到家庭禀赋和生活需求的内在调配,还受到政策引导的外在调控以及农业收益的比较压力,更受到旅游环境的综合牵引。在旅游环境的宏微观激励和约束下,生于斯长于斯的乡村旅游地农户,一只脚跨进旅游业内,另一只脚仍留在农业中;他们一边考量着"生财"之道,另一边盘算着"生活"之便。在产业匹配和生计平衡的过程中,他们不断地调适着自家的农业生产模式,并做出有限理性选择。而农户在有限理性下做出的农业生产行为选择,既会对当地旅游发展产生积极效应:维持原材料供应和土特产品生产,促进农业景观生产和乡村性保护,调节农旅融合时空布局;同时也存在消极效应:造成生产效率损失,导致土地流转困难,陷入市场进入瓶颈,对农旅融合发展产生负面影响。

4.乡村旅游地农户农业生产行为应进行合理调控

为了激发和调动农户农业生产的积极性,可以通过完善土地流转机制、创新农业补贴机制、健全农户培训机制等提供政策扶持,通过合理规划建设、创新供给机制、健全管护机制等提供设施保障,通过提升农业生产服务、加快农业信息服务、创新农业保险服务、探索农业生产托管服务等提供服务对接,通过合作社内向联结、龙头企业外向带动、协会组织内外联动等提供组织支持。同时,为了规范农户农业生产行为,可以通过出台专门的管理条例、编制具有法律效力的发展规划、加强执法监督和统一管理等进行法律约束,通过强化市场准入和创新经济处罚等进行经济约束,借助社会关系、社会组织、信用记录等进行社会约束。此外,还要通过提供农业景观补偿、推动农产品进景区、引导农业生产创意化等方式,推动旅游反哺农户农业生产。

二、研究展望

从现有文献的分析可见,学术界对农户行为研究保持着较高的关注度,但对旅游语境下的农户行为研究有待加强。为了深化这一研究,还有许多方面是值得探讨的。笔者认为,应该扎根中国乡村旅游实践,深入挖掘和探索相关的新课题。

1.立足中国旅游语境,探索农户行为本土理论

农户行为一直是学术界讨论的焦点话题,在西方已经形成了日益完善的理论体系和研究模型,不仅丰富了旅游学的研究领域,也为乡村旅游实践提供了一定的理论支持。但是在利用西方农户行为理论的同时,我们也应该清醒地认识到,我国的乡村旅游实践具有特定的语境,既有"农户"国情的特征,又有政府主导模式的影响,农户行为决策更加复杂,完全照搬西方的理论难以解释其复杂性,需要立足中国旅游语境,在借鉴的基础上进行修正和扩展。

2.跳出宏观视野,实证研究旅游发展对农户农业行为的影响

长期以来,学术界对乡村旅游地的研究主要是从"旅游"的视角进行的,对农户行为的研究更多关注的是旅游行为,而忽略了对农业行为的研

究,从而偏离了乡村旅游的本质特性,也影响了对农户行为的科学判定。即使有些学者关注到旅游发展对农户农业行为的影响,并开展了一些零散的相关研究,但也是偏重宏观视野,缺少微观细致的实证分析。本研究也未对此进行系统探讨,仅将旅游发展作为农户农业生产行为的影响因素之一进行分析。今后需要对此展开专题调查,开展微观细致的实证研究,以增强该课题的解释力度和实证价值。

3. 基于社区发展,探讨旅游反哺农业问题

反哺农业是世界各国在工业化中期经济发展的一般规律,目前学术界将研究着力点放在工业反哺农业方面。而关于旅游反哺农业问题的研究成果鲜有出现,不多的相关研究仅限于农业旅游、农旅融合等方面,而且并未直接深入到该主题。笔者认为,旅游反哺农业不仅仅是一个产业融合问题,它还关乎着乡村旅游地可持续发展,其最终落脚点就是促进社区发展。因此,我们必须立足社区发展,深入探讨旅游反哺农业问题,进一步拓宽社区参与旅游的研究范畴,同时丰富农旅融合的实践案例,为旅游反哺农业活动的科学推进提供现实指导。

4. 突破传统范畴,探讨农业景观的关键性问题

农业景观是乡村性表达的核心元素,是乡村旅游地的重要吸引物。当前,我国农业景观正遭受着前所未有的冲击和破坏,严重威胁着乡村旅游可持续发展。那么,在工业化和城镇化快速推进、全域旅游大发展的当下,我们又该如何适度开发和科学保护农业景观呢? 这是学术界应该亟须深化研究的课题。虽然当前相关的研究成果非常丰富,但研究偏向应用领域,注意力集中在景观开发上;有关景观保护的研究,也主要停留在宏观的对策建议上。而解决农业景观开发保护的几个关键性问题,例如农业景观权问题、农业景观破碎化问题、农业景观补偿机制等,仍然涉猎较少,甚至有的还是"盲区",亟待拓展并形成持续关注。未来的研究还需从应用领域上升到理论范畴,围绕关键性问题,集中多学科力量协同攻关。特别是要借鉴生态补偿机制、生态景观评价等较为成熟的研究理论和范式,对农业景观问题开展多类景观、多尺度、多地域相结合研究,梳理成熟的案例和模式,构建科学的评价指标体系。

附录1 乡村旅游地农户农业生产行为调查问卷

尊敬的朋友:

　　您好,我们是"乡村旅游地农户农业生产行为研究"课题组,正在开展学术调研,请您根据自己的真实情况,在选项上打"√"或横线上填写相应内容。本次调查数据仅供学术研究使用,我们郑重向您承诺,调查绝不会泄漏您的隐私,也不会给您带来任何麻烦。在回答问卷之前,请您填写下表:

　　A.户主基本情况

性别	A.男;B.女	年龄		现在的职业	A.务农;B.旅游经营;C.外出打工;D.其他
文化程度	A.小学及以下;B.初中;C.高中或中专;D.大专及以上				

　　B.农户基本情况

　　1.您家共有_____人,其中:劳动力人数_____人,从事农业的有_____人,从事旅游业的有_____人。

　　(注:劳动力人数是指年龄在16~60岁,包括未达到劳动年龄或者超过60岁实际还在参加劳动的人数,但不包括在校学生)

　　2.您家现在年收入在村中属于:

　　A.上等;B.中上;C.中等;D.中下;E.下等

　　您家近三年的收入状况:

　　A.增加;B.减少;C.变化不大

您家收入的主要来源(可多选):

A. 种植业;B. 养殖业;C. 林业;D. 家庭副业;E. 旅游业;F. 外出打工;G. 外出经商;H. 其他

旅游收入的主要来源(可多选,若没有,此项不用回答):

A. 景区上班;B. 摆摊;C. 开餐旅馆;D. 开商店;E. 旅游分红;F. 其他

2014 年您家的家庭总收入:

A.1 万元以下;B.1 万~3 万元;C.3 万~5 万元;D.5 万~10 万元;E. 10 万元以上

其中:农业占_____% ;旅游占_____% 。

3. 您家里的主要开支是(可多选):

A. 生产资料;B. 医疗;C. 子女教育;D. 日常消费;E. 人情往来;F. 其他

4.2014 年您家自有耕地_____亩,自己实际耕种_____亩,租入_____亩,租出_____亩,抛荒_____亩。

5. 您家现在主要种植的作物品种有:

作物名称	面积(亩)	产量(斤)	收入(元)	作物名称	面积(亩)	产量(斤)	收入(元)

6. 您家现在主要养殖的畜禽品种有:

畜禽名称	数量(头)	收入(元)	畜禽名称	数量(头)	收入(元)

7. 您家近三年是否有过借贷行为:

A. 有;B. 没有

如果有,主要用途(可多选):

A. 农业生产;B. 旅游经营;C. 子女教育;D. 建房或购房;E. 其他

8. 您家加入了农民合作社或农村合作经济组织吗?

A. 是(＿＿＿＿＿＿＿＿＿组织);B. 否

C. 农户农业生产情况

1. 近三年您家农业生产是否遭受过自然灾害?

A. 是;B. 否

遭受的主要自然灾害是(若没有遭灾,此项不用回答。可多选):

A. 旱灾;B. 洪涝灾;C. 病虫害;D. 雹灾;E. 野兽侵害;F. 其他

遭受的灾害,使农业损失达到(若没有遭灾,此项不用回答):

A. 10%以下;B. 11%～20%;C. 21%～30%;D. 31%～50%;E. 51%以上

主要是怎样解决的?(若没有遭灾,此项不用回答)

A. 政府帮助解决;B. 自己解决;C. 听天由命;D. 其他方式

2. 您家生产使用的农用物资如何购买(可多选):

A. 自己个人采购;B. 与其他农户合作(搭伙)一起采购;C. 由村集体统一采购;D. 由签协议企业统一提供;E. 由所加入的合作组织(合作社或协会)采购

3. 您家的农业生产成本占比重较大的是(可多选):

A. 租地;B. 种子;C. 农药;D. 化肥;E. 水电费;F. 机械、人工费;G. 柴油;H. 农膜;I. 其他

4. 您家农业生产投入资金来源:

A. 贷款;B. 自筹;C. 自筹＿＿＿＿＿%＋贷款＿＿＿＿＿%(请注明出资比例)

5. 您家生产的农产品主要销售渠道是(单选):

A. 不出售,全部自留;B. 大部分出售游客;C. 小部分出售游客;D. 其他

6. 近三年来您家的农业生产收益:

A. 增加;B. 减少;C. 变化不大

收益波动的主要原因(可多选,若变化不大,此项不用回答):

A.农产品价格波动;B.旅游业波动;C.种子化肥柴油等价格波动;D.补贴等政策因素;E.天气情况;F.产量波动;G.机播(机收)成本变化;H.其他

7.您家是否有人外出打工?

A.有;B.没有

如果有,打工方式是:

A.常年在外;B.短期外出(月份:_____)

8.您家是否参加了农业保险?

A.参加;B.没有

9.您家近三年是否获得过农业补贴?

A.是;B.否

农业生产补贴政策在实际生产中执行情况(可多选):

A.钱款到位;B.按实际规模发放;C.补贴额与实际规模不符;D.力度不够

农业生产补贴效果(可多选):

A.促进生产积极性;B.增加了收入;C.难抵消生产资料上涨;D.效果不明显

10.您家是否参加过农业生产技术的培训?

A.是(_____组织的);B.否

您对农业生产技术培训的看法是(可多选):

A.非常必要;B.用不着,已有的知识技能就够用;C.想学习,但没机会;D.有用,能够解决一些现实问题;E.没有用

如果有新的农业技术,您会采用吗?

A.马上采用;B.看别人用后效果,再使用;C.不采用

您在农业生产过程中,遇到技术问题时主要依靠什么途径解决?(可多选)

A.咨询农资销售人员;B.找当地农技员;C.请教有经验的村民;D.自己解决;E.听天由命;F.其他

D. 农户生产经营意愿情况

1.您认为将来5年内家里最主要的收入来源是(单选):

A.种植业;B.养殖业;C.林业;D.家庭副业;E.旅游业;F.外出打工;G.外出经商;H.其他

2.您家在将来5年内对农业生产的意愿是:

A.放弃;B.减少;C.不变;D.扩大

3.您家在安排农业生产时,下列哪些因素是重要的决策依据(可多选):

A.天气;B.资金;C.技术;D.土地;E.劳动力;F.产量;G.农产品行情;H.生产成本;I.销售渠道;J.政策导向;K.旅游发展;L.往年生产习惯;M.合同订单或定购任务;N.自家需要;O.随大流;P.其他

4.您认为损害您家农业生产积极性的最大因素是(单选):

A.农业比较利益低;B.受旅游发展限制;C.劳动力不足;D.担心国家政策变动;E.土地资源缺少;F.水利等基础设施差;G.其他

5.您家目前最重视的经营项目是(单选):

A.种植业;B.养殖业;C.林业;D.家庭副业;E.旅游业;F.外出打工;G.外出经商;H.其他

6.您家目前在农业生产经营中最缺的是(单选):

A.资金;B.土地;C.劳动力;D.技术;E.信息;F.销售渠道;G.知识;H.其他

7.您认为,旅游发展对您家和村里的农业生产是否有影响?

A.是;B.否

如果"有",造成了什么影响?(可多选)

A.拉动了农业需求,农产品更好卖;B.改善了农业设施;C.农业成为景观,提高了附加值;D.旅游开发征用土地,使耕地减少;E.农户更倾向旅游经营,劳动力流出农业;F.农业生产成本提高;G.农业经营风险增加;H.限制了农业生产自由;I.游客干扰了农业生产;J.其他

E.政策评价(在空格中打"√")

1. 认为下列政策重要吗？	很不重要	不太重要	一般	比较重要	非常重要
A. 农业基础设施投入与建设政策					
B. 农产品价格调控政策					
C. 农业技术投入和推广的政策和手段					
D. 农业补贴政策					
E. 旅游反哺农业的政策和做法					
F. 农资市场管理手段					
G. 中介服务组织（如农民合作社）建设					
H. 土地流转政策和做法					
I. 农业保险政策					
J. 农业贷款政策					
K. 防灾救灾政策和手段					
2. 满意下列政策吗？	很不满意	不太满意	一般	比较满意	非常满意
A. 农业基础设施投入与建设政策					
B. 农产品价格调控政策					
C. 农业技术投入和推广的政策和手段					
D. 农业补贴政策					
E. 旅游反哺农业的政策和做法					
F. 农资市场管理手段					
G. 中介服务组织（如农民合作社）建设					
H. 土地流转政策和做法					
I. 农业保险政策					
J. 农业贷款政策					
K. 防灾救灾政策和手段					
L. 对本村农户是否重视农业生产的评价					
M. 对政府是否重视农业生产的总体评价					

调查到此结束，感谢您的合作！

附录 2　非旅游地农户农业生产行为调查问卷

尊敬的朋友：

　　您好，我们是"乡村旅游地农户农业生产行为研究"课题组，正在开展学术调研，请您根据自己的真实情况，在选项上打"√"或横线上填写相应内容。本次调查数据仅供学术研究使用，我们郑重向您承诺，调查绝不会泄漏您的隐私，也不会给您带来任何麻烦。在回答问卷之前，请您填写下表：

　　A. 户主基本情况

性别	A. 男;B. 女	年龄		现在的职业	A. 务农;B. 外出打工;C. 兼业; D. 其他
文化程度		A. 小学及以下;B. 初中;C. 高中或中专;D. 大专及以上			

　　B. 农户基本情况

　　1. 您家共有_____人，其中：劳动力人数_____人，从事农业的有_____人。

　　（注：劳动力人数是指年龄在 16～60 岁，包括未达到劳动年龄或者超过 60 岁实际还在参加劳动的人数，但不包括在校学生）

　　2. 您家现在年收入在村中属于：

　　A. 上等;B. 中上;C. 中等;D. 中下;E. 下等

　　您家近三年的收入状况：

A.增加;B.减少;C.变化不大

您家收入的主要来源(可多选):

A.种植业;B.养殖业;C.林业;D.家庭副业;E.外出打工;F.外出经商;G.其他

2014年您家的家庭总收入:

A.1万元以下;B.1万~3万元;C.3万~5万元;D.5万~10万元;E.10万元以上

其中:农业占_____%。

3.您家里的主要开支是(可多选):

A.生产资料;B.医疗;C.子女教育;D.日常消费;E.人情往来;F.其他

4.2014年您家自有耕地_____亩,自己实际耕种_____亩,租入_____亩,租出_____亩,抛荒_____亩。

5.您家现在主要种植的作物品种有:

作物名称	面积(亩)	产量(斤)	收入(元)	作物名称	面积(亩)	产量(斤)	收入(元)

6.您家现在主要养殖的畜禽品种有:

畜禽名称	数量(头)	收入(元)	畜禽名称	数量(头)	收入(元)

7.您家近三年是否有过借贷行为:

A.有;B.没有

如果有,主要用途(可多选):

A.农业生产;B.子女教育;C.建房或购房;D.其他

8.您家加入了农民合作社或农村合作经济组织吗？

A.是(_____组织)；B.否

C. 农户农业生产情况

1.近三年您家农业生产是否遭受过自然灾害？

A.是；B.否

遭受的主要自然灾害是(若没有遭灾,可多选)：

A.旱灾；B.洪涝灾；C.病虫害；D.雹灾；E.野兽侵害；F.其他

遭受的灾害,使农业损失达到(若没有遭灾,此项不用回答)：

A.10% 以下；B.11% ～20%；C.21% ～30%；D.31% ～50%；E.51% 以上

主要是怎样解决的？（若没有遭灾,此项不用回答）

A.政府帮助解决；B.自己解决；C.听天由命；D.其他方式

2.您家生产使用的农用物资如何购买(可多选)：

A.自己个人采购；B.与其他农户合作(搭伙)一起采购；C.由村集体统一采购；D.由签协议企业统一提供；E.由所加入的合作组织(合作社或协会)采购

3.您家的农业生产成本占比重较大的是（可多选）：

A.租地；B.种子；C.农药；D.化肥；E.水电费；F.机械、人工费；G.柴油；H.农膜；I.其他

4.您家农业生产投入资金来源：

A.贷款；B.自筹；C.自筹_____% + 贷款_____%（请注明出资比例）

5.您家生产的农产品主要销售渠道是：

A.不出售,全部自留；B.大部分出售,其余全部自留；C.小部分出售,其余自留；D.其他

6.近三年来您家的农业生产收益：

A.增加；B.减少；C.变化不大

收益波动的主要原因(可多选)：

A.农产品价格波动；B.种子化肥柴油等价格波动；C.补贴等政策因

素;D.天气情况;E.产量波动;F.机播(机收)成本上升;G.其他

7.您家是否有人外出打工?

A.有;B.没有

如果有,打工方式是:

A.常年在外;B.短期外出(月份:_____)

8.您家是否参加了农业保险?

A.参加_____年;B.没有;C.一直参加

9.您家近两年都获得的农业补贴有(可多选):

A.粮食直补;B.农资综合直补;C.良种补贴;D.农机补贴;E.政府奖励;F.农业保险;G.其他

农业生产补贴政策在实际生产中执行情况(可多选):

A.钱款到位;B.按实际规模发放;C.补贴额与实际规模不符;D.力度不够

农业生产补贴效果(可多选):

A.促进生产积极性;B.增加了收入;C.难抵消生产资料上涨;D.效果不明显

10.您家是否参加过农业生产技术的培训?

A.是(_____组织的);B.否

您对农业生产技术培训的看法是(可多选):

A.非常必要;B.用不着,已有的知识技能就够用;C.想学习,但没机会;D.有用,能够解决一些现实问题;E.没有用

如果有新的农业技术,您会采用吗?

A.马上采用;B.看别人用后效果,再使用;C.不采用

您在农业生产过程中,遇到技术问题时主要依靠什么途径解决?(可多选)

A.咨询农资销售人员;B.找当地农技员;C.请教有经验的村民;D.自己解决;E.听天由命;F.其他

D. 农户生产经营意愿情况

1.您认为将来5年内家里最主要的收入来源是:

A.种植业;B.养殖业;C.林业;D.家庭副业;E.外出打工;F.外出经商;G.其他

2.您家在将来5年内对农业生产的意愿是:

A.放弃;B.减少;C.不变;D.扩大

3.您家在安排农业生产时,下列哪些因素是重要的决策依据(可多选):

A.天气;B.资金;C.技术;D.土地;E.劳动力;F.产量;G.农产品行情;H.生产成本;I.销售渠道;J.政策导向;K.往年生产习惯;L.合同订单或定购任务;M.自家需要;N.随大流;O.其他

4.您认为损害您家农业生产积极性的最大因素是:

A.农业比较利益低;B.劳动力不足;C.担心国家政策变动;D.土地资源缺少;E.水利等基础设施差;F.其他

5.您家目前最重视的经营项目是:

A.种植业;B.养殖业;C.林业;D.家庭副业;E.外出打工;F.外出经商;G.其他

6.您家目前在农业生产经营中最缺的是:

A.资金;B.土地;C.劳动力;D.技术;E.信息;F.销售渠道;G.知识;H.其他

E. 政策评价(在空格中打"√")

1.认为下列政策重要吗?	很不重要	不太重要	一般	比较重要	非常重要
A.农业基础设施投入与建设政策					
B.农产品价格调控政策					
C.农业技术投入和推广手段					
D.农业补贴政策					
E.农资市场管理手段					
F.中介服务组织(如农民合作社)建设					

续表

1.认为下列政策重要吗?	很不重要	不太重要	一般	比较重要	非常重要
G.土地流转政策和做法					
H.农业保险政策					
I.农业贷款政策					
J.防灾救灾政策和手段					
2.满意下列政策吗?	很不满意	不太满意	一般	比较满意	非常满意
A.农业基础设施投入与建设政策					
B.农产品价格调控政策					
C.农业投入政策和技术推广手段					
D.农业补贴政策					
E.农资市场管理手段					
F.中介服务组织(如农民合作社)建设					
G.土地流转政策和做法					
H.农业保险政策					
I.农业贷款政策					
J.防灾救灾政策和手段					
K.对本村农户是否重视农业生产的评价					
L.对政府是否重视农业生产的总体评价					

调查到此结束,感谢您的合作!

参考文献

[1] 保继刚等. 旅游开发研究——原理·方法·实践[M]. 北京:科学出版社,1996.

[2] Bramwell B. ,Lane B. Sustainable tourism:An evolving global approach[J]. Journal of Sustainable Tourism,1993(1):1 – 5.

[3] Brohman J. New directionsin tourism for third world development[J]. Annals of Tourism Research ,1996,23(1):48 – 70.

[4] Butler R. W. The concept of a tourist area cycle of evolution:Implications for management of resources[J]. Canadian Geographer,1980(1):5 – 12.

[5] 蔡灵洁. 乡村旅游与农村土地利用经济效益耦合机理及联动路径研究[J]. 农业经济,2016(3):51—52 + 125.

[6] 陈佳,杨新军,王子侨,等. 乡村旅游社会—生态系统脆弱性及影响机理——基于秦岭景区农户调查数据的分析[J]. 旅游学刊,2015(3):64—75.

[7] 陈海鹰,杨桂华,曾小红,等. 旅游生态补偿标准:类别构成及核算模型[J]. 旅游科学,2017,31(4):15—31.

[8] 陈莉,马龙波,李中华,等. 构建需求导向的新型职业农民培训机制——基于山东省东营市垦利区的调查[J]. 中国农业教育,2017(1):29—34.

[9] 陈诗波. 循环农业主体行为的理论分析与实证研究[D]. 武汉:华

中农业大学,2008.

[10] 陈永志,黄丽萍.农村土地使用权流转的动力、条件及路径选择[J].经济学家,2007(1):51—58.

[11] 陈志钢.风景名胜城市土地利用动态变化及与旅游发展的互动机理研究——以广西壮族自治区阳朔县为例[J].资源科学,2010,32(10):1980—1986.

[12] Coughenour C. M.,Swanson L. E.. Rewards,values and satisfaction with farm work[J]. Rural Sociology,1988,53(4):442 – 459.

[13] 戴美琪.休闲农业旅游对农村社区居民的影响研究——以黄兴镇为例[D].长沙:中南林业科技大学,2007.

[14] D. 布哈利斯,马晓秋.目的地开发的市场问题[J].旅游学刊,2000(4):69—73.

[15] Darla K. M., Cynthia C., Abigail M. Y.. Land use policy and landscape fragmentation in an urbanizing region:Assessing the impact of zoning[J]. Applied Geography,2005(25):121 – 141.

[16] David Weaver,Martin Oppermann. Tourism management[M]. John Wiley & Sons Australia,2000.

[17] Davies E. T.,Gilbert D. C.. Planning and marketing of tourism:A case study of the development of farm tourism in Wales[J]. Tourism Management,1992,13(1):56 – 63.

[18] 邸枫,杨兆萍,刘旭玲.特产观赏农园旅游规划设计探讨——以新疆鄯善县特产观赏农园为例[J].干旱区地理,2006(6):935—940.

[19] 董磊明,郭俊霞.乡土社会中的面子观与乡村治理[J].中国社会科学,2017(8):147—160.

[20] 董茜.社会资本视角下地质公园社区参与研究——以湖北神农架世界地质公园为例[D].武汉:中国地质大学,2016.

[21] 杜江,向萍.关于乡村旅游可持续发展的思考[J].旅游学刊,1999,14(1):15—18.

[22] [俄]恰亚诺夫.农民的经济组织[M].北京:中央编译出版

社,1996.

[23] Edward Inskeep. Tourism planning:An integrated and sustainable development approach[M]. New York:John Wiley & Sons,1991.

[24] Fairweather J. R. ,Keating N. C. . Goals and management styles of New Zealand farmers[J]. Agricultural Systems,1994,44(4):181–200.

[25] 冯娴慧,戴光全.乡村旅游开发中农业景观特质性的保护研究[J].旅游学刊,2012(8):104—111.

[26] Forsyth T. J. . Tourism and agricultural development in Thailand [J]. Annals of Tourism Research, 1995, 22(4): 877–900.

[27] 高谋洲.乡村旅游促进农民增收机理探析[J].商业研究,2008(6):157—160.

[28] Geoffrey W. ,孙业红,吴平.梯田与旅游——探索梯田可持续旅游发展路径[J].旅游学刊,2014(4):12—18.

[29] Gilbert D. ,Tung L. . Public organizations and rural marketing planning in England and Wales[J]. Tourism Management, 1990,11(2):164–172.

[30] 郭焕成,吕明伟,任国柱.休闲农业园区规划设计[M].北京:中国建筑工业出版社,2007.

[31] 郭华.制度变迁视角的乡村旅游社区利益相关者管理研究[D].广州:暨南大学,2007.

[32] 郭珍,曾福生.农业基础设施供给不足的根源与破解[J].江淮论坛,2014(3):19—23.

[33] Hazel Tucker. Living with tourism:Negotiating identities in a Turkish village[M]. New York:Taylor & Francis,2003.

[34] 韩明漠.农村社会学[M].北京:北京大学出版社,2001.

[35] 何景明,李立华.关于"乡村旅游"概念的探讨[J].西南师范大学学报(人文社会科学版),2002,28(5):125—128.

[36] 何景明.国外乡村旅游研究述评[J].旅游学刊,2003(1):76—80.

[37] 何蒲明,魏君英.试论农户经营行为对农业可持续发展的影响[J].农业技术经济,2003(2):24—27.

[38] Hjalager A. M.. Agricultural diversification into tourism[J]. Tourism Management,1996(2):105 – 110.

[39] 侯二东,姚龙江.强化农业协会建设是加快小生产与大市场有效对接的关键环节——黑龙江农垦格球山农场农业协会的经验和启示[J].中国社会组织,2010(4):19—20.

[40] 侯国林.基于社区参与的湿地生态旅游可持续开发模式研究——盐城海滨湿地国家级自然保护区为例[D].南京:南京师范大学,2006.

[41] 侯蕊玲.丽江拉市海乡村旅游脱贫调查案例分析[J].云南民族大学学报:哲学社会科学版,2006(6):67—69.

[42] 胡继连.中国农户经济行为研究[M].北京:农业出版社,1992.

[43] 黄丽.昆明城郊乡村旅游发展与农户经济行为调适研究[D].昆明:云南师范大学,2009.

[44] 黄平芳,胡明文.体验经济时代的文化旅游及其开发取向——以稻作文化的旅游开发为例[J].农村经济,2008(1):68—70.

[45] 黄平芳.寺庙、旅游与村落社会——一个客家山村的成长境遇[D].广州:中山大学,2012.

[46] 黄平芳,魏琦.花海旅游的深度开发[N].中国旅游报,2013 – 10 – 16(11).

[47] 黄平芳,王立国,胡明文,等.乡村旅游与休闲农业研究[M].南昌:江西科学技术出版社,2014.

[48] 黄祖辉,胡豹.经济学的新分支:行为经济学研究综述[J].浙江社会科学,2003(2):72—79.

[49] 冀名峰.农业生产托管:新时代现代农业发展新动能[J].农村经营管理,2017(12):24—26.

[50] 蒋艳.关于欠发达地区社区参与旅游收益分配的探讨[J].重庆交通学院学报(社会科学版),2004,4(3):49—51.

［51］孔祥智,钟真,原梅生.乡村旅游业对农户生计的影响分析——以山西三个景区为例［J］.经济问题,2008(1):115—119.

［52］孔祥智.健全农业社会化服务体系　实现小农户和现代农业发展有机衔接［J］.农业经济与管理,2017(5):20—22.

［53］Lansing J. S.. Priests andprogrammers:Technologies of power in engineered landscape of Bali［M］.Princeton:Princeton University Press,1991.

［54］Laure L.,Laurent P.. Does land fragmentation affect farm performance? A case study from Brittany,France［J］. Agricultural Systems,2014(129):68－80.

［55］Lepp A.. Residents:Attitudes towards tourism in Bigodi village,Uganda［J］. Tourism Management,2007,28(4):876－885.

［56］Leiper N.. Tourist attraction systems［J］. Annals of Tourism Research,1990(17):367.

［57］Lesley Roberts,Derek Hall. Rural tourism and recreation:Principles to practice［M］.UK:CABI Publishing,2001.

［58］李辅敏,赵春波.旅游开发背景下民族地区生计方式的变迁——以贵州省黔东南苗族侗族自治州郎德上寨为例［J］.贵州民族研究,2014(1):125—128.

［59］李加林,童亿勤.中国乡村旅游研究综述［J］.宁波大学学报(人文科学版),2009(1):91—95.

［60］李梁平.花海旅游地农户景观油菜种植行为研究——以江西婺源为例［D］.南昌:江西农业大学,2016.

［61］李明贤,叶慧敏.洞庭湖区农业旅游带动现代农业发展的思路与支撑条件研究［J］.农业现代化研究,2011(6):704—708.

［62］李鹏.农业旅游与农业之间关系的经济学透视——以云南罗平为例［J］.曲靖师范学院学报,2005(1):60—64.

［63］李团辉,段凤华.浅析旅游季节性表现及成因［J］.桂林旅游高等专科学校学报,2006,17(2):137—140.

［64］李燕,成德宁,郑鹏.农业基础设施对农业产出的影响及其区域

差异——基于 2004 年~2013 年中国 232 个地级市的分析[J].广东财经大学学报,2017(6):106—113.

[65] 李越群.重庆市新农村建设中地域性景观的保护研究[D].重庆:西南大学,2009.

[66] 林海.农民经济行为的特点及决策机制分析[J].理论导刊,2003(4):28—30.

[67] 林乐芬,李伟.农户对土地股份合作组织的决策响应研究——基于 744 户农户的问卷调查[J].农业经济问题,2015 (8):91—96.

[68] 刘丹萍.旅游凝视:中国本土研究[M].天津:南开大学出版社,2008.

[69] 刘丹萍.旅游凝视:从福柯到厄里[J].旅游学刊,2007(6):91—95.

[70] 刘德谦.关于乡村旅游、农业旅游与民俗旅游的几点辨析[J].旅游学刊,2006,21(3):12—19.

[71] 刘宏芳,明庆忠.社区参与旅游发展的困境及其对策研究[J].四川师范大学学报(社会科学版),2012(2): 56—62.

[72] 刘军.公共关系学[M].北京:机械工业出版社,2006.

[73] 刘敏,刘春凤,胡中州.旅游生态补偿:内涵探讨与科学问题[J].旅游学刊,2013,28(2):52—59.

[74] 刘某承,闵庆文.农业文化遗产保护的生态补偿机制[N].农民日报,2013－09－20(4).

[75] 刘清娟.黑龙江省种粮农户生产行为研究[D].哈尔滨:东北农业大学,2012.

[76] 刘霞.基于路径依赖的河南农业与旅游产业融合发展研究[J].中国农业资源与区划,2016,37(3):233—236.

[77] 龙良富,黄英.租地还是卖地:土地流转中农民有限理性行为分析——对中山市崖口村旅游开发用地的个案调研[J].人文地理,2011(4):54—57.

[78] 吕明伟,孙雪,张媛.休闲农业规划设计与开发[M].北京:中国

建筑工业出版社,2010.

[79]陆文聪,西爱琴.农户农业生产的风险反应:以浙江为例的 MO-TAD 模型分析[J].中国农村经济,2005(12):68—75.

[80]罗倩文.我国农民合作经济组织内部合作行为及激励机制研究[D].重庆:西南大学,2009.

[81]罗小锋.农户参与农业基础设施建设的意愿及影响因素——基于湖北省 556 户农户的调查[J].中南财经政法大学学报,2012(3):29—34.

[82]马仁杰,王荣科,左雪梅.管理学原理[M].北京:人民邮电出版社,2013.

[83] Maoz D.. The mutual gaze[J]. Annals of Tourism Research,2006,33(1):221 –239.

[84] McGehee N., Kim K.. Motivation for agri – tourism entrepreneurship[J]. Journal of Travel Research,2004,43(2):161 –170.

[85][美]阿德莱德·布赖.行为心理学入门[M].成都:四川人民出版社,1987.

[86][美]查尔斯·R.格德纳,[加]布伦·特里奇.旅游学:原理、实践与哲学[M].李天元等译,北京:中国人民大学出版社,2008.

[87][美]黄宗智.华北的小农经济与社会变迁[M].北京:中华书局,1986.

[88][美]黄宗智.长江三角洲小农家庭与乡村发展[M].北京:中华书局,2000.

[89][美]威廉·瑟厄波德.全球旅游新论[M].张广瑞等译,北京:中国旅游出版社,2001.

[90]彭小辉.农业政策变化与农户行为研究——以中国六省为例[D].上海:上海交通大学,2014.

[91]彭怡萍.休闲农业发展的环境法律制度建设研究[J].台湾农业探索,2013(4):42—46.

[92] Per Ake Nilsson. Staying on farm:An ideological background[J].

Annals of Tourism Research,2002（1）:7 – 24.

[93] Popkin S.. The rational peasant:The political economy of rural soci-ety in Vietnam[M].Berkeley:University of California Press,1979.

[94] 浦徐进,朱秋鹰,路璐.参照点效应、公平偏好和"龙头企业＋农户"供应链关系治理[J].管理工程学报,2016,30(2):116—123.

[95] 屈小博,张海鹏,宁泽逵.农户生产经营风险来源与认知差异实证分析——以陕西省453户果农为例[J].财经论丛,2009(2):1—8.

[96] Rahman S.,Rahman M.. Impact of land fragmentation and resource ownership on productivity and efficiency:The case of rice producers in Bangla-desh[J].Land Use Policy,2009,26(1):95 – 103.

[97] Rahman S.. Determinants of agricultural land rental market transac-tions in Bangladesh[J].Land Use Policy,2010,27(3):957 – 964.

[98] Reichel A.,Lowengart O.,Milman A.. Rural tourism in Israel:Service quality and orientation[J].Tourism Management,2000,21:451 – 459.

[99] 邵隽,张玉钧,李雄,等.社区支持农业型市民农园休闲模式研究[J].旅游学刊,2012(12):74—79.

[100] 施红.生猪保险对农户收入的稳定效应研究[J].浙江大学学报(人文社会科学版),2016（2）:126—135.

[101] 史清华.农户经济活动及行为研究[M].北京:中国农业出版社,2001.

[102] Schultz T. W.. Transforming traditional agriculture[M].New Ha-ven:Yale University Press,1964.

[103] Stroma Cole. Tourism,culture and development:Hopes,dreams and realities in East Indonesia[M]. U. K:Channel View Publications,2008.

[104] 苏旭霞,王秀清.农用地细碎化与农户粮食生产——以山东省莱西市为例的分析[J].中国农村观察,2002(3):22—28＋80.

[105] 孙九霞.旅游人类学的社区旅游与社区参与[M].北京:商务印书馆,2009.

[106] 孙九霞.社区参与与族群文化保护:类型与逻辑关联[J].思想

战线,2013,39(3):97—102.

[107]唐代剑.中国乡村旅游开发与管理[M].杭州:浙江大学出版社,2005.

[108]唐代剑,过伟炯.论乡村旅游对农村基础设施建设的促进作用——以浙江藤头、诸葛、上城埭村为例[J].特区经济,2009(11):155—157.

[109]唐顺铁.旅游目的地的社区化及社区旅游研究[J].地理研究,1998,17(2):145—149.

[110]陶忠良.浙江农民信箱农业信息服务模式发展分析[J].浙江农业科学,2014(7):1108—1110.

[111] Telfer D., Wall G.. Linkages between tourism and food production[J]. Annals of Tourism Research,1996,23(3):635–653.

[112] Thompson C. S.. Host produced rural tourism:Towa's Tokyo Anternna shop[J]. Annals of Tourism Research,2004,31(3):580–600.

[113]田磊,章锦河,林艳.土地流转方式下的乡村旅游开发博弈分析[J].云南地理环境研究,2009(6):52—56.

[114] Urry J.. The Tourist gaze:Leisure and travel in contemporary society[J]. American Ethnologist,1994,21(4):940–941.

[115]谢德体.建立健全农业基础设施管护机制,保障农业产业安全[J].团结,2015(3):20—21.

[116]谢剑斌,何承耕,钟全林.对生态补偿概念及两个研究层面的反思[J].亚热带资源与环境学报,2008,3(2):57—64.

[117]修孟源.兼业化程度对农户水稻种植技术选择的影响分析——以丹东市前阳镇为例[D].重庆:西南大学,2012.

[118]许芳.河南省景郊型"农家乐"促进农村劳动力转移作用实证研究[D].青岛:青岛大学,2009.

[119]许树辉.旅游社区旅游业可持续发展障碍[J].特区经济,2006(2):213—215.

[120]徐丹宁,陈超,陈丽君.农业龙头企业带动农户效用评价及差异

分析——基于南京市 119 家企业的调研数据[J].湖南农业大学学报(社会科学版),2016,17(4):22—28.

[121] 徐永祥.论社区服务的本质属性与运行机制[J].华东理工大学学报(社会科学版),2002,17(4):50—54.

[122] 徐卫涛.循环农业中的农户行为研究[D].武汉:华中农业大学,2010.

[123] 徐志刚,张炯,仇焕广.声誉诉求对农户亲环境行为的影响研究——以家禽养殖户污染物处理方式选择为例[J].中国人口·资源与环境,2016,26(10):44—52.

[124] 阎鹏.农业产业化:分散经营与规模效应涉及的问题[N].山西经济日报,2008 – 10 – 28(8).

[125] 严贤春,苏智先,胥晓,等.丘陵区生态农业旅游的垂直景观生态研究[J].生态学杂志,2005,24(7):790—794.

[126] 姚治国,苏勤,陆恒芹.国外乡村旅游研究透视[J].经济地理,2007(6):1046—1050.

[127] 杨阿莉.从产业融合视角认识乡村旅游的优化升级[J].旅游学刊,2011,26(4):9—11.

[128] 杨菊花.数据管理与模型分化 STATA 软件应用[M].北京:中国人民大学出版社,2012.

[129] 杨丽芳.观光休闲果园规划与设计[M].天津:天津科技翻译出版有限公司,2012.

[130] 杨明月,陈宝峰.农户对农业基础设施需求的影响因素分析——以山西省为例[J].技术经济,2009(8):72—76.

[131] 杨昭熙,杨钢桥.农地细碎化对农户农地流转决策的影响研究[J].中国土地科学,2017,31(4):33—42.

[132] 杨竹清,邱继勤.农村土地流转对乡村旅游之效应研究[J].旅游论坛,2010(1):71—75.

[133] 杨振之.城乡统筹下农业产业与乡村旅游的融合发展[J].旅游学刊,2011,26(10):10—11.

［134］易艳.森林旅游资源开发中的外部环境成本补偿机制研究［J］.旅游论坛,2011,4(2):37—40.

［135］银元.乡村旅游合作社是促进乡村振兴的有效载体［N］.中国旅游报,2017-12-15(3).

［136］［英］霍洛韦.论旅游业——二十一世纪旅游教程［M］.孔祥义等译,北京:中国大百科全书出版社,1997.

［137］于雅雯,余国新.农业信息服务供需现状及对策研究——基于新疆784个样本农户的实证调查［J］.调研世界,2015(4):41—46.

［138］原梅生.中国休闲农业发展研究［M］.北京:中国财政经济出版社,2008.

［139］袁俊,吴殿廷,肖敏.生态旅游:农业文化遗产地保护与开发的制衡——以浙江青田"稻鱼共生"全球重要农业文化遗产为例［J］.乡镇经济,2008(2):74—77.

［140］袁中许.乡村旅游业与大农业耦合的动力效应及发展趋向［J］.旅游学刊,2013,28(5):80—88.

［141］Wan G. H. ,Cheng E.. Effects of land fragmentation and returns to scale in the Chinese farming sector［J］. Applied Economics,2001,33(2):183-194.

［142］王春安.农村土地流转的必然性及流转方式初探［J］.改革与战略,2010,26(10):56—58.

［143］王德刚.旅游化生存与产业化发展——农业文化遗产保护与利用模式研究［J］.山东大学学报(哲学社会科学版),2013(2):56—64.

［144］王堞凡.江苏地区农业景观的保护与更新［D］.南京:南京林业大学,2017.

［145］王军强,郭青霞,赵富才.耕地细碎化的影响效应及对策研究进展［J］.广东农业科学,2014(18):194—199.

［146］王林.乡村旅游社区文化遗产的精英治理——以广西龙脊梯田平安寨村委会选举为例［J］.旅游学刊,2009(5):67—71.

［147］王先杰.观光农业景观规划设计［M］.北京:气象出版社,2009.

[148] 王志刚.农户参与循环农业行为及绩效评价:理论与实证[D]. 沈阳:沈阳农业大学,2015.

[149] 魏小安."三农"旅游促进城乡统筹发展[J].中国工商,2005 (6):67—73.

[150] 翁贞林.粮食主产区农户稻作经营行为与政策扶持机制研究——基于江西省农户调研[D].武汉:华中农业大学,2009.

[151] 吴妍,杨国良,吴晓文.成都市红砂村乡村旅游发展对农民增收的影响因素分析[J].四川师范大学学报(自然科学版),2009,32(3): 401—405.

[152] 吴杨梅.城镇化视角下景郊型乡村旅游地发展模式研究[D]. 泉州:华侨大学,2014.

[153] 吴忠军.旅游对龙脊梯田文化景观影响研究[J].旅游论坛, 2012(6):114—118.

[154] 詹慧龙,刘虹,唐冲.我国农业基础设施建设及服务需求研究 [J].农村经济,2015(12):116—120.

[155] 张朝枝,邓曾.旅游发展与农民土地意识变迁——开平碉楼与村落案例研究[J].广西民族大学学报(哲学社会科学版),2009(1): 31—34.

[156] 张奥佳,程占红.中国旅游生态补偿研究现状与展望[J].资源开发与市场,2016,32(2):226—229.

[157] 张传时.城郊乡村旅游空间组织与优化研究[D].西安:西北农林科技大学,2011.

[158] 张广海,师亚哲.国内旅游生态补偿研究进展与趋势分析[J]. 山西农业大学学报(社会科学),2017,16(6):49—55.

[159] 张继涛.乡村旅游社区的社会变迁[D].武汉:华中师范大学,2009.

[160] 张静.诚信及其社会约束机制[N].光明日报,2011-08-23 (11).

[161] 张林,覃峭.补偿机制与旅游社区和谐发展研究——以龙脊梯

田为例[J].经济问题探索,2008(3):121—124.

[162] 张敏.农业景观中生产性与审美性的同 ·[J].湖南社会科学,2004(3):10—12.

[163] 张述林,李源,刘佳瑜,等.乡村旅游发展规划研究:理论与实践[M].北京:科学出版社,2014.

[164] 张文彤,旷春伟.SPSS统计分析高级教程[M].北京:高等教育出版社,2013.

[165] 张祥桔,王鹏飞,梁育填.乡村旅游对目的地的影响研究——以北京平谷区玻璃台村为例[J].首都师范大学学报(自然科学版),2008(4):94—99.

[166] 张学昌.农业基础设施投资的PPP模式:问题、框架与路径[J].农村经济,2016(9):98—103.

[167] 张一群,杨桂华.对旅游生态补偿内涵的思考[J].生态学杂志,2012,31(2):477—482.

[168] 中国生态补偿机制与政策研究课题组.中国生态补偿机制与政策研究[M].北京:科学出版社,2007.

[169] 赵承华.乡村旅游及其推动农村产业结构优化研究[D].武汉:武汉理工大学,2009.

[170] 赵洪亮,谢立勇.供给侧改革背景下的农业信息服务发展思路探析[J].江苏农业科学,2017,45(19):117—121.

[171] 赵凯.中国农业经济合作组织发展研究[M].北京:中国农业出版社,2004.

[172] 周大鸣,秦红增.参与式社会评估:在倾听中求得决策[M].广州:中山大学出版社,2005.

[173] 周洁红,姜励卿.农产品质量安全追溯体系中的农户行为分析——以浙江省的蔬菜种植户为例[J].浙江大学学报(人文社会科学版),2007(2):118—127.

[174] 朱丽娟.基于农户响应行为的黑龙江省农业自然灾害风险管理研究[D].哈尔滨:东北农业大学,2011.

[175] 邹统钎.中国乡村旅游发展模式研究——成都农家乐与北京民俗村的比较与对策分析[J].旅游学刊,2005,20(3):63—65.

[176] 邹统钎.乡村旅游发展的围城效应与对策[J].旅游学刊,2006(6):8—9.

[177] 左冰,万莹.去内卷化:乡村旅游对农业发展影响研究[J].中国农业大学学报(社会科学版),2015(4):1—10.